SEM TEMPO A PERDER

Gestão de Processos em 10 horas...

BRUNO PALVARINI

Sem tempo a perder

Gestão de processos em 10 horas

BRUNO PALVARINI

Copyright © 2016 Bruno Palvarini

Antes de começar a ler este livro...

... clique em https://mailchi.mp/ba14424cca8a/criatividade e baixe **GRATUITAMENTE** sua cópia do mini e-book *"5 Histórias Criativas"*, de Bruno Palvarini

Apresentação

O amigo Gilberto provocou:

"Faz pouco mais de trinta anos que o Goldratt e o Cox escreveram "A Meta", um livro revolucionário em termos de gestão de processos. Conta a história de um funcionário que precisa reverter a situação de sua empresa em um curto prazo – e ao fazê-lo, o autor nos apresenta os principais conceitos, métodos e técnicas relacionados ao assunto. Por que você não faz o mesmo?

"Sem tempo a perder" é uma homenagem à obra original e uma breve recapitulação do que aprendi trabalhando com gestão de processos desde 1999 – o tom é mais descompromissado que o do livro original, mas o protagonista (também chamado Alex) tem apenas 10 horas para consolidar suas ideias e tentar emplacá-las em uma reunião com seu temido diretor.

Conseguirá?

Boa leitura!

Índice

7:00 AM, sala do Alex _____ 1
8:00 AM, sala de reunião _____ 5
9:00 AM, sala de reunião _____ 14
10:00 AM, sala do Paiva _____ 31
11:00 AM, sala de reunião _____ 47
12:00 PM, Sala da Diretoria _____ 66
1:00 PM, sala de reunião _____ 80
2:00 PM, sala de reunião _____ 87
3:00 PM, sala de reunião _____ 96
4:00 PM, sala de reunião _____ 106
5:00 PM, residência do Paiva _____ 117
O autor _____ 118
Gostou deste livro? _____ 119
Outros títulos do mesmo autor _____ 120

7:00 AM, sala do Alex

Com a cabeça enfiada em suas mãos, Alex é o retrato do desalento; deixou as crianças na escola e em vez de voltar para debaixo das cobertas até a hora de entrar no emprego, como de costume, rumou em disparada para sua sala na recém-criada gerência de inovação e gestão de processos. O tempo corre contra ele e a princípio sua ideia parecia boa: começar imediatamente a produzir uma apresentação que deve mostrar ao seu diretor, William, até as 17h do mesmo dia. William assumiu há pouco o cargo máximo na unidade que é a "menina dos olhos" do Conselho de Administração e, ao saber que Alex cursa um MBA em gestão, incumbiu-o de formatar uma proposta de como a unidade de inovação e processos deveria funcionar:

"Nada muito elaborado, meu rapaz! – apenas quero saber se o dinheiro que temos investido na capacitação de nossos funcionários está sendo bem aplicado. Ou será que as pessoas da nossa organização são viúvas de Taylor, Fayol e Ford?...".

Alex conhece a fama de sarcástico de William; mesmo quando entende pouco ou nada de um assunto, tem sempre uma forma de desqualificar o interlocutor e ganhar qualquer discussão. Sua nomeação no cargo de diretor estratégico da firma representava a linha que passaria a ser seguida desde então, e se era verdade que William era um neófito em inovação e gestão de processos, também era fato que trazer uma proposta pouco criativa seria facilmente percebido pelo chefe - seu emprego corria sério perigo.

Em risco também estavam tanto a sustentabilidade da organização quanto o casamento de Alex. Os resultados dos últimos dois anos mostravam que a firma se afundava cada vez mais em empréstimos bancários para rolar dívidas mais antigas, enquanto que, paradoxalmente, aumentava suas estruturas e gastava mais recursos na compra de equipamentos tecnológicos e na formação de profissionais. O clima organizacional se deteriorava a olhos vistos, e nos corredores a classe gerencial era apontada como "sem contato com a realidade", "vaquinhas de presépio do Conselho" e "sem capacidade de administrar, sendo governada por sistemas automatizados". William vivia repetindo que uma instituição que não era lucrativa nem produtiva tinha pouca razão de existir.

Era para dar conta de tais questões que Alex deveria trazer algo de novo para a reunião das 17h.

Em casa as coisas corriam mal; a mudança recente de cidade trouxera novas perspectivas para Alex – mas também a interrupção da promissora carreira de designer de sua esposa e a difícil adaptação dos filhos ao contexto. Quanto mais horas passava no trabalho "apagando incêndios", mais Alex sentia-se um intruso no círculo de proteção formado por Rute, Gustavo e Bárbara. Comer sozinho, em horários diferentes dos demais, tornara-se um hábito, e os fins de semana eram cada vez mais dedicados ao trabalho que aos seus. Aquilo prometia não acabar bem, principalmente, se Alex arranjasse uma nova desculpa para faltar ao jogo final de voleibol das crianças, marcado para aquela noite. Conseguiria ele chegar a tempo?

Para completar, o professor do MBA pedira um trabalho final de curso na forma de uma resenha crítica de algum tema relacionado à gestão. Embora tivesse presença suficiente nas aulas anteriores para faltar ao encontro daquele dia e apenas entregar o trabalho, Alex não via como desenvolver tal resenha se tinha de garantir seu emprego e preparar a apresentação prometida à William.

Lá fora, nuvens escuras envolviam o prédio de estilo clássico no qual a firma se localizava.

Meia-hora já havia sido consumida sem qualquer avanço, quando Alex sentiu um gentil cutucão no ombro esquerdo:

"E então, meu chapa, madrugou? Nada como começar cedo o dia, não? - as ideias brotam em profusão e a mente fica livre para uma existência perfeita"!

Sem saber se chorava ou se avançava em seu pescoço, Alex cumprimentou Paiva sem grande entusiasmo. Paiva era um cara realmente especial – todos na organização pareciam gostar dele. Calmo, polido e muito inteligente, rejeitara diversas promoções para assumir novamente cargos executivos, dizendo que quanto mais forte a estrutura existente, menos criativo se imaginava. Sendo também uma pessoa atenta ao que ocorria com seus colegas, Paiva foi direto ao ponto:

"Vai ficar com essa cara de desânimo a manhã inteira ou vamos partir para a solução do seu problema"?

Foi só então que Alex percebeu uma chance de conseguir sair do outro lado. Quem sabe o amigo não lhe ajudava a bolar uma forma de atender tanto ao chefe, quanto ao professor e, principalmente, à sua família?

Paiva demorou uns dez minutos ouvindo o vale de lágrimas descrito por Alex. Assim que o amigo terminou sua última reclamação, abriu um sorriso brilhante e declarou em alto e bom som:

"Este é um desafio complexo daqueles que dão gosto enfrentar! Claro que vamos conseguir produzir todas as entregas que você precisa – e com grande qualidade! Me dê apenas quinze minutos para pedir à secretária para arrumar a sala de reunião, de maneira que tenhamos um micro com acesso à web, um projetor e alguns outros poucos recursos. Ah, é claro, vou pedir à Vivian que registre o que formos conversando sob a forma do documento que você tem de mostrar ao William às 17h".

"E quanto ao trabalho acadêmico"?

"Relaxe, Alex – estamos falando do mesmo produto! É o que chamamos de isomorfismo – a proposta que você levará para tirar nossa empresa do buraco é a resenha crítica de inovação e gestão de processos que seu professor precisa receber. Grosseiramente falando, a única coisa que iremos mudar é a capa de cada documento. Já pensou na beleza do que iremos fazer? Teoria e prática combinadas, academia e mundo real juntos, em uma simbiose voltada para a geração de resultados às pessoas. Nitidamente, estamos falando de uma gestão de processos voltada a valor"!

"Jura"?

"Com certeza. Agora, enquanto ajeito as coisas para que a sala de reunião esteja preparada rapidamente, respire fundo e tente descobrir qual o valor que você deseja atingir com as entregas que fará hoje ao fim do dia".

"Valor econômico"?

"Também – mas não somente. Tente listar quais as motivações e os impactos que o William e o seu professor buscavam quando demandaram a você os respectivos trabalhos. Pense, também, quais as características de qualidade que serão necessárias para que o que você venha a lhes oferecer atenda aos seus requisitos".

"Hum, acho que entendi".

"Acredite em mim, esse simples exercício será a base de tudo que conversaremos no dia de hoje. Uau, estou animadíssimo – você não"?

Alex sorriu pela primeira vez em vários dias:

"Como não?...".

8:00 AM, sala de reunião

"Vivian, acho que você já conhece o Alex, não? Alex, a Vivian é pessoa com maior inteligência emocional que conheço e também a que tem a incrível capacidade de transformar os fragmentos do que formos conversando, navegando na web e rabiscando em uma forma inteligível e apresentável".

"Prazer, Vivian. É um alento saber que você e o Paiva toparam este desafio comigo".

"Eu não ficaria de fora por nada neste mundo! Ainda somos um grupo pequeno de "inoveiros" aqui na firma, mas quanto mais nos deparamos com questões como a sua, mais parecemos estar preparados para abordar problemas diferentes pela primeira vez".

"Eu notei que as salas de vocês são mais coloridas, arejadas, não têm o mobiliário tradicional e o ambiente parece ser sempre de festa".

"Creia em mim, Alex: a festa é permanente"!

"Bom, agora que estamos todos apresentados, vamos começar? Que tal eu dar uma geral de como comecei a atuar com gestão de processos e inovação"?

"Ótimo"! – disse Alex.

"Perfeito; como a Vivian já está acostumada com meu jeito de trabalhar, não se preocupe que ela irá costurando todos as pontas soltas que formos deixando pelo caminho".

"Vamos lá"!

"Vocês sabem que sou engenheiro de formação e ao mesmo tempo em que concluía um mestrado na área comecei a atuar com gestão de processos. Assim, era comum que eu me deparasse, dia e noite, com sistemas e arranjos similares ao que hoje chamamos de processos".

"Se não me engano, você chegou a chefiar um escritório de processos, não"?

"Isso mesmo! – era a unidade que acabou resultando nesta em que trabalhamos hoje. Acompanhei todo o seu percurso evolutivo de gerência de organização e métodos, unidade de Qualidade Total, escritório de processos e projetos, centro de programas de gestão e, agora, polo de inovação".

"Puxa, é uma longa estrada…".

"Bem, na verdade aproveitamos muito do que a onda anterior fazia (ou, pelo menos, acho que o fizemos). Em se tratando de uma visão integradora dos temas "inovação" e "gestão de processos", costumo iniciar a conversa partindo da pergunta "por que você (ou sua unidade) deseja trabalhar com processos"?".

"A resposta não é óbvia"?

"Não, de fato há várias motivações possíveis para uma ação nesse sentido, todas elas bastante válidas. Há pessoas e instituições que se interessam por processos para registrar como o trabalho é feito em seus domínios, uma vez que não há uma cultura de preservação do conhecimento e o risco de descontinuidades das operações é muito grande quando há substituição de pessoas. Outras organizações têm necessidade de inovar constantemente seus produtos e serviços, visto que fazem parte de mercados altamente competitivos. Aprimorar os processos produtivos, de gestão e de suporte parece ser um bom caminho para tentar se manter na crista da onda".

"É verdade".

Há casos ainda em que a adoção de iniciativas relacionadas a processos cumpre meramente um caráter formal - a instituição comprometeu-se de alguma forma a retratar sua situação interna frente a organismos de controle e a visão de auditoria é a predominante".

"O tipo de motivação conduz a arranjos diferentes"?

"Pode acreditar. Dependendo do fator principal considerado para a introdução da temática de processos na vida organizacional, podemos ter práticas bastante distintas e maior ou menor patrocínio das chefias e envolvimento das equipes. A motivação original, inclusive, pode levar a modelos bem específicos de governança do assunto processos em uma instituição, deixando-o a cargo de núcleos especializados ou o tornando algo comum a todos os colaboradores".

"Bom, mas se comecei a entender o que você me falou lá na minha sala, a primeira coisa em que devemos pensar é nos resultados que os processos irão gerar, certo"?

"Exatamente, Alex! – isto fará toda a diferença na lógica de processos que iremos discutir no dia de hoje. Se estendermos um pouco mais nossa visão, poderemos imaginar que a primeira coisa que devemos levar em conta são os impactos positivos, os benefícios que tais entregas irão proporcionar. Aliás, você já deve ter ouvido falar do guia CBOK, não"?

"Já ouvi. É um tipo de consolidação de conceitos e práticas de gestão de processos, certo"?

"Isso mesmo. O CBOK – sigla em inglês para "corpo de conhecimento de gerenciamento de processos", é uma referência que tem sido bastante usada nos anos recentes. Em sua versão atual, apresenta um conjunto de benefícios decorrentes da adoção de uma gestão de processos.

Para a organização:

• definição clara de responsabilidades, para fomentar a transformação de processos;

• respostas ágeis, decorrentes do acompanhamento do desempenho;

• controle de custos, qualidade e melhoria contínua dos processos;

• conformidade dos resultados e ações ao que foi previsto;

• capacidade de operação mais consistente e adequada às necessidades;

• gestão do conhecimento facilitada.

"E os clientes do processo, que benefícios percebem"?

"Maior chance de atendimento das expectativas a partir da compreensão do processo, maior engajamento dos colaboradores na prestação de serviços e melhor controle dos compromissos assumidos. Os gerentes organizacionais passam a ter uma visão explícita do valor gerado pelo processo, percebem em geral uma otimização do desempenho, melhorias no planejamento e nas projeções realizadas, superação de obstáculos associados às fronteiras funcionais, uma avaliação de padrões de referência mais fácil e a elaboração de planos de ação frente a possíveis condições que ocorram no processo".

"Isso é tudo"?

"Quase. Os atores do processo passam a ter maior segurança e ciência de seus papéis e responsabilidades, maior compreensão do todo, mais clareza dos requisitos do ambiente de trabalho, uso de ferramentas apropriadas, maior contribuição para o resultado e maior visibilidade e reconhecimento por seus pares e pela chefia".

"Puxa, bem extensa a lista".

"Isso explica em parte a motivação de pessoas e instituições partirem para abordagens baseadas em gestão de processos. Nossa unidade mesmo apresentava características de zelar pelas políticas e ações da Qualidade Total em nossa organização e, de repente, teve seu papel subitamente alterado para se tornar um escritório de processos e projetos estratégicos. Assim, nossa principal motivação parecia ter um caráter normativo - era uma atribuição regimental. Porém, por trás da norma fria existia uma necessidade de que os processos organizacionais fossem detalhados, atualizados e aprimorados constantemente, uma vez que o modelo de gestão recém-adotado na empresa tinha o tema "processos" como base de sustentação da orientação a resultados. A expectativa era de que, ao gerirmos processos, nosso desempenho fosse garantido, conforme a estratégia empresarial".

"Então, se fôssemos responder à pergunta "por que adotamos a gestão por processos?", poderíamos apontar:

• Porque era atribuição normativa da recém-criada gerência;

• Porque o modelo de gestão por resultados implantado na empresa exigia o detalhamento, a atualização e o aprimoramento constante dos processos existentes na instituição;

• Porque a gestão de processos contínua permitiria o alcance do desempenho previsto no plano estratégico da empresa".

"Muito bem, Alex! Podemos falar então dos desafios que enfrentamos em nossas primeiras experiências com gestão de processos"?

"Vamos em frente! – estou curiosíssimo".

"Legal. Vamos então tratar do conceito de processos, do que seria interessante considerarmos como um processo neste contexto de criatividade, inovação e geração de resultados em que estamos atuando".

"Paiva, a primeira imagem que eu fazia de um processo era a a de um volumoso dossiê jurídico, composto de vários documentos, pareceres, posicionamentos e algo do gênero".

"Você não está sozinho nessa. O conceito jurídico de processos é bem presente em nossas vidas e ninguém gosta de responder a um processo, não é? Mas há outros tipos de processos – por exemplo, o criativo, ligado a percepção de insights, o científico (que busca observar normas e padrões para chegar em um resultado) e o industrial / produtivo, composto de sequências de atividades".

"Agora que você falou, lembro-me que nossa firma durante muito tempo pregou cartazes nas dependências da organização, mencionando processo como um conjunto de atividades que agregava valor".

"É verdade, lembro-me bem daquela iniciativa de comunicação. Trouxemos até especialistas internacionais para discutir o tema com os executivos da empresa e a base conceitual era a mesma. Devo confessar a você que sempre fiquei um pouco incomodado com o aspecto maquinal da coisa – parecia que os seres humanos eram engolidos pelas tais sequências de atividades".

"E depois, tudo continuou na mesma"?

"Mais ou menos. Eu diria a você que a grande maioria das pessoas e instituições continua batendo na tecla da sequência de atividades – mas, como não queremos ser pouco inovadores em nossa proposta para o William (nem no seu trabalho acadêmico), vamos estender um pouco nossa visão. Lembra que falamos no CBOK, o corpo de conhecimento em gerenciamento de processos"?

"Claro"!

"Pois é, a versão atual do guia conceitua processo como "uma agregação de atividades e comportamentos executados por humanos ou máquinas para alcançar um ou mais resultados". Ainda segundo o CBOK, processos são compostos por atividades inter-relacionadas que solucionam uma questão específica. Essas atividades são governadas por regras de negócio e vistas no contexto de seu relacionamento com outras atividades para fornecer uma visão de sequência e fluxo".

"Conceito fortemente baseado em atividades".

"Como usual, mas podemos claramente enxergar uma ampliação da visão pois processos são compostos também por comportamentos, o ser humano é citado de forma clara, as inter-relações são apontadas e a questão contextual se faz presente".

"E existem outras variações de conceito"?

"Para nossa sorte, sim. Veja o que encontrei no site do governo brasileiro, no âmbito do seu programa de gestão pública: "processo é um conjunto integrado e sincrônico de insumos, infra-estruturas, regras e transformações, que adiciona valor às pessoas que fazem uso dos produtos e/ou serviços gerados". Embora ainda possa ser evoluída, essa visão reforça a ideia de que processos possuem o compromisso de satisfazer às necessidades dos clientes/cidadãos, exigem sincronia, transformam elementos, seguem orientações e consomem recursos".

"Dentre os conceitos que você me mostrou, esse é o que penso melhor servir para nossas necessidades".

"Que bom que você concordou. Vamos partir dele para nossas próximas discussões. Vamos parar cinco minutos e tomar um café quentinho saindo da máquina de expresso que compramos aqui na seção"?

9:00 AM, sala de reunião

"Paiva, tenho uma curiosidade de saber como foram nossas primeiras experiências com gestão de processos, na década passada. Faz sentido estarmos voltando ao assunto agora ou realmente o mundo evoluiu nesses aspectos"?

"Faz todo o sentido, Alex. Quando a gestão de processos foi introduzida em nossa empresa, passávamos por um momento riquíssimo de reorganização interna, fruto de uma racionalização executada e da adoção de um modelo de gestão voltado para resultados que tinha "processos" como um importante pilar. Na lógica em implantação, os processos da empresa deveriam estar modelados (pelo menos, em seus níveis mais altos) e a gestão contínua de seu desempenho deveria promover o alinhamento das ações organizacionais à estratégia da empresa e o alcance dos resultados pretendidos. Trabalhávamos em uma unidade estratégica responsável pela Qualidade Total, o que compreendia iniciativas como a implantação do Programa 5S, da certificação ISO 9002 em contextos estratégicos e de formação de círculos de aperfeiçoamento de serviços que promovessem maior compartilhamento entre os empregados de um determinado processo e que lhe permitissem melhor tomada de decisão".

"Puxa, nem me recordava disso".

"Os negócios fundamentais presentes no estatuto da firma deram origem a uma representação de alto nível chamada "cadeia de valor", na qual as principais etapas que compunham tais negócios estavam registradas e disseminadas para as equipes".

"Então, imagino que a unidade de processos devia manter as representações atualizadas – já que o contexto era bastante dinâmico –, detalhar os modelos em níveis mais próximos da participação de cada empregado, apoiar os projetos estratégicos da alta administração, interagindo com as unidades especialistas em cada negócio fundamental para que os objetivos previstos fossem alcançados e fornecer informações a respeito dos resultados dos processos para o conselho diretor, auxiliando a gestão da empresa".

"Precisamente! Nos primeiros dias daquela unidade, a montagem da equipe se deu a partir de dois grupos distintos que havia dentro da empresa: o primeiro, formado pelos empregados que atuavam na sede da gerência de Qualidade e o outro, formado por colegas que trabalhavam em unidades estratégicas regionais espalhadas pelo país e que vinham colhendo resultados da aplicação de conceitos e métodos de processos em projetos específicos. O encontro desses dois grupos foi fundamental para o funcionamento do escritório, pois passamos a conviver diariamente com pessoas das mais diversas formações e experiências, com novatos recém-formados e cheios de visão crítica e vontade de acertar sendo apadrinhados por colegas com bagagem suficiente para encurtar os caminhos e apressar a implantação de soluções".

"Legal".

"Contratamos uma consultoria externa que implantou um conceito de processos baseado em atividades, sendo montado um extenso programa de capacitação dos empregados (compreendia até uma certificação internacional a partir de resultados em projetos reais). Uma das grandes motivações responsáveis pela adoção da gestão de processos naquele momento era a ideia, ainda repetida até hoje, de que a estruturação por funções não dava conta de todas as demandas organizacionais, fazendo com que muitas vezes o fluxo hierárquico da comunicação conferisse lentidão à tomada de decisão ou mesmo impedisse que as pessoas pensassem fora das caixinhas em que trabalhavam. Imaginava-se que com a organização por processos teríamos um fluxo mais dinâmico e transversal da informação, não limitado às fronteiras das unidades que compunham a empresa".

"Bom, você disse que a consultoria trouxe um conceito baseado em sequências de atividades. E quanto ao método"?

"Os consultores internos de processos atuavam sempre em conjunto com especialistas das áreas de negócios, na forma de equipes mistas que tinham papéis bem definidos:

• os consultores de processo contribuiriam com seu conhecimento teórico e prático de processos, com os métodos e ferramentas institucionais e com a função operacional de registrar os processos-alvo e as soluções que fossem desenvolvidas. Dizia-se, à época, que a visão de estrangeiro dos consultores (um ponto de vista externo ao dia-a-dia dos processos de negócio) poderia enxergar aspectos que as pessoas imersas continuamente no assunto não mais visualizavam;

• os especialistas de negócio trariam todo o seu conhecimento e seriam os condutores das melhorias a serem implementadas. A gestão dos projetos ficava a cargo de tais especialistas – dizíamos que os consultores internos de soluções empresarias nunca deviam ser os protagonistas da história.

Ainda falando de questões metodológicas, quando um projeto era realizado, montávamos um esquema mental de cinco etapas que deveriam ser percorridas:

• a primeira fase tratava da modelagem do processo atual, ou seja, de estabelecimento das questões mais relevantes que deveríamos resolver e da representação da realidade observada a partir das descrições que os consultores colhiam das equipes de especialistas e das partes interessadas no processo. Seguindo orientações que havíamos recebido, não procurávamos identificar possíveis soluções para problemas encontrados e desenhávamos o processo ainda que ele tivesse imperfeições, pois o objetivo principal dessa etapa era dar uma visão compartilhada do que era o trabalho ao conhecê-lo em detalhe. Apesar de ser anterior à primeira versão do CBOK, tal abordagem é o que hoje é chamado naquele guia de modelagem de "processo AS-IS", ou seja, do jeito que ele é; embora não seja o nosso caso, há autores no próprio CBOK que ainda hoje defendem essa visão de representar fielmente o processo atual antes de qualquer outra iniciativa;

• em seguida, dávamos início a uma fase de análise do processo recém-modelado, identificando as principais disfunções que existiam e fazendo sua correlação com as questões críticas de projeto. Em geral, as disfunções apontadas podiam ser de várias naturezas (como, por exemplo, de estratégia equivocada, de estrutura insuficiente, de pessoas não capacitadas para o trabalho, de tecnologia da informação deficiente ou de fluxos de atividades redundantes ou desnecessárias). Segundo nosso "manual de cabeceira", uma vez que processos eram, em última análise, fluxos de atividades, era nessa categoria que deviamos concentrar nossas energias. Fazíamos uma gradação do impacto das disfunções nas questões críticas (alto, médio e baixo) e os gestores determinavam quais delas seriam tratadas na sequência da iniciativa. Repare que o método adotado era centrado em problemas e só depois chegávamos a uma solução; o que eu quero dizer com isso é que as equipes de projeto eram induzidas a procurar e analisar disfunções, a partir das quais eram desenvolvidos caminhos para resolvê-las. Esta não é a forma que costumo trabalhar com processos atualmente;

• a terceira fase do método (ou do ciclo de projeto) se compunha da modelagem do processo proposto, traduzido no novo fluxo de atividades que procuraria minimizar ou eliminar as disfunções apontadas anteriormente e que tinham sido escolhidas como alvo do projeto. Esta etapa era de vital importância para o sucesso do projeto, uma vez que era o momento de criarmos as soluções para o que não estava funcionando bem. É interessante ressaltarmos que, em alguns casos, as competências necessárias à equipe de trabalho para pensar o processo novo não necessariamente eram as mesmas existentes no momento de registrar a situação atual e que, quando não considerávamos tal especificidade, corríamos riscos de termos baixo grau de inovação nas melhorias apresentadas;

• a penúltima fase do ciclo era representada pelo estabelecimento de um plano de implantação do processo redesenhado. Era moda naqueles tempos o uso de uma ferramenta da Qualidade Total denominada "5W-2H" – na verdade, um plano de ação com, no mínimo, informações do que seria feito, do porquê seria feito, de onde seria feito, de quando seria feito, de quem seria o responsável, do como seria feito e de quanto custaria fazê-lo;

• o ciclo metodológico se encerrava com a efetiva implementação do processo redesenhado e com a avaliação dos indicadores de desempenho da nova rotina. Em geral, era comum realizarmos uma implantação piloto das soluções introduzidas, em alguma amostra do processo global (por exemplo, escolhendo regiões e unidades específicas), para que tivéssemos condições de verificar o comportamento das inovações incorporadas ao processo antes que ele se tornasse uma realidade para todo o universo considerado. Em caso de observação de resultados insatisfatórios, ajustávamos o modelo e só então estendíamos a implantação.

"Muito interessante, Paiva".

"Vivian, está conseguindo pegar as ideias do que estamos conversando"?

"Sem problemas, chefe – o software de reconhecimento de voz que instalamos e calibramos com sua dicção está funcionando às mil maravilhas".

"Então, continuarei. Uma coisa que achei curiosa logo no início da ação conjunta dos consultores de processos e dos especialistas das áreas de negócio nas quais realizávamos os projetos de otimização dos resultados, era a assinatura de um documento que tinha um formato que parecia saído de um escritório de advocacia".

"Era o tal do acordo de nível de serviços de que tanto ouço falar"?

"Na verdade, a combinação do acordo de nível de serviços e de um relatório de planejamento de projeto. Era a formalização dos termos em que o projeto de melhoria de processo seria realizado, deixando suas características explícitas para todos os envolvidos. Embora ainda hoje eu continue achando que o formato era em alguns momentos um pouco pesado para tratar de questões internas à mesma organização e que os dados do documento podiam ser aprimorados, a ideia de identificar e esclarecer o resultado que se deseja alcançar continua sendo totalmente atual e alinhada ao que há de mais contemporâneo no campo da gestão de processos e projetos".

"O que continha tal documento"?

"Nas primeiras páginas, tínhamos regras gerais do projeto a ser realizado, deixando bem claro que o papel dos consultores de processos se constituía de itens tais como o fornecimento de um método para tratar a gestão de processos, o uso de uma ferramenta de modelagem e simulação de processos e o apoio técnico ao desenho dos processos e ao planejamento da implantação de melhorias. Cabia aos gestores das áreas de negócios aportar conhecimento especializado no assunto e conduzir o projeto de mudança. A segunda seção do documento, o chamado relatório de planejamento de projeto, era o que hoje costuma-se chamar de "TAP - Termo de Abertura de Projeto". As condições, premissas, restrições que iriam balizar o desenvolvimento da iniciativa estavam ali contidas, na forma de elementos como a identificação e uma descrição do projeto e de seu contexto, os objetivos pretendidos, os recursos envolvidos (humanos, materiais, tecnológicos, orçamentários), os principais agentes envolvidos, seus papéis e responsabilidades, os indicadores de desempenho do projeto e do processo em estudo e os limites do processo considerado".

"Paiva, eu já ouvi repetidas vezes que uma representação é uma forma de registrar uma situação observada, em uma linguagem que um determinado grupo de pessoas consiga compreender satisfatoriamente".

"Você tem razão, e nesse contexto, modelos são representações aproximadas da realidade a partir de um conjunto de parâmetros escolhidos para um determinado propósito. Possuíamos um conjunto de instrumentos necessários à modelagem dos processos em estudo, de forma que pudéssemos registrá-los, disseminá-los, avaliá-los e promover melhorias em seu desempenho. Basicamente, usávamos três tipos de modelos para realizar tais aproximações da realidade: mapas de relacionamentos, diagramas de cadeias de valor e mapas de processos".

"Imagino que você vai me explicar para que servia cada um deles...".

"Pode deixar – e, ao mesmo tempo, a Vivian pode buscar umas imagens na internet de cada um desses tipos de diagramas, para enriquecer sua proposta e seu trabalho acadêmico. Usávamos um mapa de relacionamentos para representar de forma bastante ampla o contexto em que o processo estudado se encontrava - aliás, muitos de nós chamávamos o diagrama produzido de mapa de contexto. Sua ideia geral era dividir o plano de representação em três seções básicas, sendo que a área central era ocupada pelo processo; à sua esquerda, posicionávamos um espaço para a representação dos fornecedores do processo e à sua direita, colocávamos os seus clientes. Dentro de cada uma das seções, podíamos representar instituições, unidades organizacionais ou mesmo perfis profissionais que desempenhavam determinados papéis e, logo em seguida, registrávamos os relacionamentos existentes entre as partes do processo, conectando os agentes e incluindo o nome do relacionamento junto a cada conexão. O mapa de relacionamentos não possui preocupações temporais em sua construção - não é possível termos ideias de precedência de relacionamentos de forma explícita. Também não é uma preocupação do diagrama apresentar características associadas às relações entre os agentes, tais como tempos ou custos envolvidos".

"Entendi".

"Já a cadeia de valor é um termo que foi introduzido por Michael Porter em seu livro "Vantagem Competitiva", de 1985. Seu conceito original diz respeito a um conjunto de atividades que uma instituição realiza para entregar um produto ou serviço de valor ao mercado. Tal noção baseia-se na visão das organizações como sistemas compostos de partes menores (sub-sistemas) que possuem entradas, processos de transformação e saídas - consumindo recursos como dinheiro, trabalho, materiais, equipamentos, instalações físicas e terras, além de recursos de gestão. Partindo da lógica que os processos atravessam as fronteiras das estruturas estabelecidas, as cadeias de valor representam como um determinado negócio se comporta em uma organização - ou até mesmo entre organizações. Na representação original de Porter, é feita uma distinção entre atividades primárias – aquelas que têm relação direta com os negócios organizacionais - e de suporte - voltadas ao apoio ou à gestão das atividades primárias. Na prática, nossos consultores de processo usavam um pouco da ideia original da cadeia de valor para identificar os principais temas e processos envolvidos no projeto de melhoria considerado e seus respectivos sub-sistemas, registrando as etapas que o compunham. Repare que ao usarmos o diagrama do tipo "cadeia de valor", procurávamos entender em linhas gerais como o processo de transformação ocorria internamente, complementando a visão de relacionamentos do mapa anterior".

"Pelo que notei, na cadeia de valor existe uma representação temporal explícita, pois uma etapa se inicia a partir do cumprimento da anterior, quando há a transferência de um valor entre elas".

"Bem observado – apesar de que o tal valor não é tornado claro no diagrama. Vamos falar disso mais adiante.

O último tipo de diagrama básico que usávamos era o chamado mapa de processos, uma espécie de detalhamento da cadeia de valor e uma forma de representarmos informações constantes do relatório de planejamento de projeto".

"A primeira vez que vi um mapa de processos, tive a impressão de estar frente a um fluxograma aprimorado, pois o modelo contemplava os eventos de início e fim do processo considerado, os agentes responsáveis pelas atividades (perfis, unidades, organizações) - dispostos em raias horizontais, as atividades de transformação de entradas em saída nos processos, os relacionamentos entre tais atividades, com sua identificação e os pontos de controle do processo, com o apontamento dos indicadores de medição do desempenho (tais indicadores poderiam estar associados a todo o processo, a pontos intermediários ou a uma simples atividade)".

"E era nos mapas de processo que julgávamos ter o nível de detalhe necessário para um bom projeto de melhoria do desempenho dos processos. Havia algumas regras práticas para trabalharmos com tal tipo de diagrama, como por exemplo, os clientes do processo serem posicionados nas raias verticais superiores do mapa - e, logo abaixo, os agentes associados à sua gestão. Da mesma forma, os agentes relacionados ao suporte do processo e seus fornecedores eram localizados nas camadas inferiores do mapa. A razão de tal representação era guardar conformidade com outros modelos de diagramas que, em geral, trabalhavam com a lógica gestão / operação / suporte.

Os mapas podiam sempre ser desdobrados em fluxos de nível inferior, com mais detalhes, dependendo da necessidade de nosso conhecimento para a tomada de decisão. Não havia um limite para quantos níveis devíamos modelar, mas ao chegarmos em um estágio satisfatório, era comum detalharmos os procedimentos associados às atividades representadas no fluxo em um documento-texto, denominado "procedimento operacional padrão" (POP), cuja redação, no entanto, ficava a cargo das equipes de especialistas do processo.

Uma raia bastante "carregada" em uma mapa de processos, isto é, que tivesse um grande número de atividades, parecia ser um bom indicador visual de um ponto de partida para as melhorias, pois sugeria relevância na operação ou possibilidade de redundâncias".

"Nós modelávamos os processos à mão ou usávamos algum tipo de software de apoio"?

"Ah, usávamos aplicativos, sim. Os acordos de nível de serviço e os relatórios de planejamento de projeto eram elaborados em processador de texto, as cadeias de valor eram construídas em software de apresentação de slides, e os mapas de relacionamento e os mapas de processo eram desenvolvidos em ferramenta específica de modelagem e simulação de processos Nosso método era bem estruturado – e totalmente baseado no conceito de processos como fluxos de atividades".

"Mas, se você me disse que tal abordagem não é a mais adequada, por que estamos registrando tantas informações relacionadas a ela"?

"Justamente para mostrarmos ao William seus resultados mas também suas limitações – e demonstrarmos porque uma alternativa mais arrojada pode ser de grande valia para a empresa".

"Ok. Você mencionou que mesmo abordagens mais clássicas de gestão de processos trazem resultados positivos. Quais são alguns que podemos mencionar"?

"Vou lhe responder contando uma história real que aconteceu comigo, na época que eu coordenei a equipe de processos. Avaliando o que havíamos feito nos últimos anos, tive uma primeira impressão muito boa, pois podíamos dizer que éramos reconhecidos como uma unidade de valor em nossa empresa, uma vez que tínhamos um conjunto permanente de projetos de melhoria do desempenho sendo realizados. O nível dos profissionais do escritório era elogiado e a adoção da lógica de processos como um instrumento de gestão havia produzido resultados positivos, tais como:

• a visão sistêmica das equipes, que começavam a enxergar suas contribuições além das fronteiras funcionais;

• conexões explícitas entre unidades organizacionais e suas responsabilidades para o sucesso dos processos;

• maior colaboração entre as pessoas e reflexo nos resultados organizacionais, com adoção de soluções inovadoras e aprimoramento da cultura de avaliação para a tomada de decisão".

"Uau, só coisas boas, não"?

"Em termos; pessoalmente, eu estava bastante ansioso porque a procura por melhoria de processos tornava-se tão expressiva aqui na empresa, que começávamos a não atender a todas as solicitações que recebíamos. Além da necessidade constante de evolução metodológica, eu precisava pensar em soluções para isso, e a primeira ideia que tive era tentar ampliar a quantidade de licenças disponíveis do software de modelagem e simulação de processos, para dar maior capilaridade ao trabalho. Outro fator que também me tirou algumas noites de sono foram as mudanças estruturais que estavam em curso e que sugeriam que poderíamos mudar de papel muito em breve. Nos últimos dias, havia rumores de novas mexidas tanto estruturais quanto de pessoas e a equipe começava a ficar intranquila".

"E o que aconteceu"?

"As mudanças enfim chegaram e fomos comunicados que receberíamos um novo chefe e que, provavelmente, nós - os gerentes - também deveríamos ser substituídos. Um dia, o nome do novo superintendente foi anunciado, um cara com larga experiência em unidades de atendimento ao público. Na primeira vez que fui chamado a conversar com ele, achei que sabia o teor da conversa – que ele iria agradecer os serviços prestados e dizer que precisava de gente de seu conhecimento e confiança para tocar o novo desafio, e coisa e tal. Por isso, fiquei surpreso quando ele fez-me a seguinte pergunta, sem maiores rodeios: - Penso em fazer algumas adequações aqui na equipe; se você fosse convidado para assumir o escritório de processos e projetos, toparia"?

"Nossa, bastante direto, hein"?

"Fiquei bastante desconcertado, mas ele engatilhou uma segunda questão, ainda mais perturbadora: - Por que somos tão ruins ao trabalhar com processos? Fiquei furioso e comecei a rebater a afirmação que me parecia absurda: como podíamos ser ruins? Éramos consultores selecionados rigorosamente pela empresa; havíamos passado por um longo e consistente processo de capacitação e certificação internacional; tínhamos - ao contrário dele - experiência em projetos de melhoria e gestão de processos; usávamos métodos e ferramentas de ponta; nossa prática e nossos indicadores de desempenho eram compatíveis com organizações públicas e privadas, nacionais e internacionais".

"Acabou com ele, Paiva"!

"Que nada, ele nem se abalou - e calmamente voltou ao ataque: - Puxa, então o mundo inteiro está errado! Se eu demorar o tempo que vocês levam para dar resultados em um projeto de melhoria e gestão de processos – e se apresentar a qualidade dos seus resultados –, perco o emprego! Imagine pedir a um cliente que retorne uma ou mais vezes ao posto para concluir seu atendimento! O tempo máximo que concebo para um projeto desses começar a dar resultados é de dois meses – mas vi que temos situações em que estamos há dois anos e meio modelando processos! Você tem razão – não sou especialista em gestão de processos –, mas falta sensibilidade e contato com a realidade a vocês".

"Vixe"!!!

"Saí da reunião com a cabeça cheia, decidido a descansar para que, na primeira hora do dia seguinte, levantasse uma lista de argumentos que mostrariam ao chefe que ele estava completamente equivocado. No entanto, ao me aprofundar no assunto, descobri fatos que nós desconhecíamos:

• possuíamos cerca de mil diagramas de processos armazenados em nossos servidores, porém a grande maioria já não representava a forma como realizávamos o trabalho

– modificações haviam sido introduzidas e não tínhamos capacidade e agilidade de manter os registros atualizados;

- o tempo médio dos projetos de melhoria e gestão de processos era de seis meses, mas havia casos em que estávamos há mais de dois anos atuando diretamente nas iniciativas (sim, o que o chefe afirmara era verdade!);
- havia um altíssimo risco de descolamento do projeto em relação à realidade – os gestores sentiam a necessidade de dar respostas mais rápidas que as possíveis com a adoção do método que propúnhamos e um conjunto de soluções importantes passava ao largo dos projetos;
- ao adotarmos um conceito de processos baseado em uma "sequência ordenada de atividades", deixávamos inúmeros aspectos relevantes de fora das soluções que trabalhávamos, gerando a percepção de agregarmos pouco valor ao fim de nossa atuação;
- o fato de mantermos o conhecimento metodológico e as licenças do modelador de processos nas mãos dos consultores gerava um gargalo no atendimento de demandas e uma fila preocupante de solicitações começava a se formar;
- nossa decisão de que apenas os consultores eram os responsáveis pelo registro dos processos aumentava o risco de má interpretação da situação real, pois os verdadeiros especialistas nos assuntos não tinham acesso ao aplicativo de modelagem;
- cerca de 70% do tempo consumido nos projetos de melhoria e gestão de processos estavam associados a

discussões da situação atual (que, no fundo, seria abandonada), restando apenas 30% (insuficientes) para o detalhamento das inovações que deveriam ser adotadas;

• devido ao nosso método basear-se no levantamento de problemas e em sua posterior superação, observávamos um baixo índice de criatividade das soluções propostas;

• a prioridade que atribuíamos a um conjunto escolhido de disfunções parecia ter mais relação com nossa baixa capacidade de atendimento de um número maior de questões do que realmente fruto de uma escolha sensata".

"Em outras palavras, o cara tinha razão".

"Totalmente, por mais que eu não quisesse aceitar. Nunca mais eu consegui abordar a gestão de processos da forma tradicional...".

10:00 AM, sala do Paiva

"Vamos dar uma folga à digitação da Vivian, pois tenho aqui no meu micro um trabalho que vai se encaixar como uma luva na entrega que devemos fazer. Há poucos meses fiz uma pequena revisão de outras técnicas de gestão que coexistem com a gestão de processos e que tem muita relação com o que as organizações precisam usar em seu dia-a-dia".

"Bom demais – até me fez lembrar de uma série de vídeos sensacionais que vi na Internet, de um artista e designer chamado Austion Kleon. Ele advoga uma linha de que todos nós devemos "roubar como um artista", ou seja, que a criatividade se compõe de fato da capacidade de usarmos pedaços das obras de outras pessoas e de imitarmos nossas referências".

"Genial! Em uma linha bem parecida, o ator e comediante inglês John Cleese - um estudioso e palestrante do tema "criatividade" - diz que um dos segredos de ser criativo é deixar aflorar coisas que estão em nosso inconsciente e que, de repente, parecem brotar em nossa imaginação, sem que saibamos de onde vem.

Prometo que não vou avançar no horário de nosso almoço, mas vou usar as próximas duas horas para comentar a tal revisão de abordagens que fiz. Vivi, você consegue dar uma "cara profissional" ao que eu for comentando"?

"Sem dúvida".

"Então, comecemos com o próprio "maravilhoso mundo dos processos". Enquanto nossa firma e várias organizações estavam fazendo algo muito parecido em termos de gestão de processos, desenvolvedores e fornecedores de soluções começavam a sentir a necessidade de estabelecer um padrão mínimo de interação entre suas ferramentas, permitindo o compartilhamento de dados e facilitando a vida quando da automação de rotinas. Assim, em agosto de 2000, um grupo de 16 empresas líderes em comércio eletrônico, resolveu formar um grupo denominado BPMI (Business Process Management Initiative). Em pouco tempo, mais de 80 organizações faziam parte da BPMI , cuja missão foi definida como 'promover e desenvolver o uso de BPM (Business Process Management – ou Gestão de Processos de Negócio) pelo estabelecimento de padrões de desenho, implementação, execução, manutenção e otimização de processos'".

"Por isso que muita gente chama a gestão de processos pelo apelido de BPM...".

"Isso! Um pouco antes, em 1989, dez companhias líderes em tecnologia da informação (e uma companhia aérea) haviam formado o OMG (Object Management Group – ou Grupo de Gerenciamento de Objetos), com o objetivo principal de estabelecer um modelo de objeto comum, com portabilidade e interoperabilidade com métodos e dados que usassem todos os tipos de ambiente e de plataformas de desenvolvimento. Como você pode ver, o foco principal daquela turma era automação de processos, o que não é necessariamente ruim, mas explica algumas decisões que foram tomadas no desenvolvimento dos padrões do OMG – parece que deixaram um pouco de lado tanto a visão do ser humano quanto das características de negócio. O OMG havia incorporado, desde 1997, a linguagem de modelagem unificada (UML) como um padrão de engenharia de software orientada a objetos, e quando da incorporação da BPMI ao grupo em 2005, foi criada uma força-tarefa que buscou enriquecer a linguagem UML com elementos descritivos de processos. Desse esforço surgiu, em 2006, a chamada notação BPMN (Business Process Model and Notation – notação e modelo de processos de negócio), da qual você provavelmente já ouviu falar".

"Já ouvi mesmo – é a única forma de representar um processo, não"?

"De forma alguma! A notação BPMN é uma representação gráfica para especificar processos de negócio na forma de um modelo. Seu objetivo é apoiar a gestão de processos tanto por usuários técnicos quanto por áreas de negócio, pretendendo ser intuitiva ao mesmo tempo em que representa processos complexos. Seu campo de atuação não permite, por exemplo, a modelagem de estruturas organizacionais ou de modelos de dados, concentrando-se na representação de fluxos de atividades e em algumas características associadas a eles. Há quatro principais categorias de símbolos envolvidas no referido padrão: objetos de fluxo – eventos, atividades, desvios; conectores – fluxos (sequência, mensagem), associação; raias – agrupadas ou individuais; e artefatos – objetos de dados, grupos, anotações".

"Pode explicar um pouco melhor"?

"Sim. Existem alguns tipos de objetos de fluxos que compõem a notação BPMN. Os eventos dizem respeito a algo que ocorre em um processo, como ponto de início ou fim de um processo (exemplos: chegada de um cliente em uma loja – de início – ou produto recebido pelo cliente – de fim). Também podemos representar eventos intermediários como, por exemplo, a passagem de um resultado de um agente para outro. Ao modelarmos um processo segundo a notação BPMN é importante termos, pelo menos, um evento de início e um de fim.

As atividades representam o núcleo do padrão BPMN – devemos nos lembrar que tal notação decorre de um conceito de processo como um fluxo de atividades. A representação das atividades se dá por retângulos de bordas arredondadas e há variações para seu uso como, por exemplo: quando não podem ser decompostas em outras, são chamadas de tarefas; quando fazem parte de um conjunto menor dentro de um processo, são chamadas de subprocessos; quando atuam em bloco e precisam todas serem completadas para alcançar um objetivo, são chamadas de transações.

Os desvios se referem a momentos de separação ou junção de caminhos existentes em um processo, de acordo com condições que ocorrem. Por exemplo, em um processo de avaliação de um financiamento de automóvel, se o valor do crédito for superior a um determinado valor o processo deverá seguir por um caminho, enquanto que se for inferior, deverá percorrer outro fluxo.

Os conectores – como o próprio nome já diz –, servem para juntar sequências ordenadas de atividades, mensagens e associação de artefatos ou texto a um objeto de fluxo.

As raias organizam as categorias do processo, podendo mostrar agentes ou unidades responsáveis pelo trabalho e estar agrupadas ou subdivididas.

Os artefatos preveem informação adicional ao modelo, tais como os dados necessários para uma atividade ocorrer (ou que são por ela produzidos), grupos de atividades ou anotações".

"E a notação BPMN era uma das respostas para os problemas que você havia detectado no método de gerir processos"?

"Não era, infelizmente. Além de questões conceituais, a notação BPMN acabava sendo um limitador do que queríamos representar como um processo, especialmente porque não continha a noção de valor gerado por um processo. Mas vamos continuar nosso retrospecto e falar um pouco de Qualidade Total (ou de TQM, do inglês Total Quality Management), um conjunto de práticas usadas para aprimorar a qualidade do trabalho realizado em uma instituição, com vistas à entrega de melhores produtos e serviços, que atendam às expectativas de seus clientes. Em 1984, a Marinha norte-americana iniciou um trabalho sistemático de melhoria da efetividade de sua operação, o que redundou na adoção de ensinamentos do professor Edwards Deming e, no ano seguinte, foi cunhado o termo Total Quality Management. Deming foi um engenheiro eletricista nascido em 1900, inspirado fortemente no trabalho de Shewhart ("pai" do ciclo de gestão 'PDCA', que veremos adiante), despertando seu interesse em usar métodos estatísticos na gestão e produção industrial".

"Não foi o Deming que andou pelo Japão"?

"Ele mesmo. Após a segunda guerra mundial, usou sua experiência para auxiliar a realização do censo populacional e colaborou decisivamente nos esforços de reconstrução daquele país. Sua principal mensagem aos executivos das empresas japonesas era de que o aumento da qualidade implicaria na redução dos gastos e no aumento da produtividade e da participação no mercado. Deming reconhecia o valor de medição e gestão constante dos processos e sistemas, apesar de reforçar que a maior parte das variáveis importantes são impossíveis de serem medidas antecipadamente (por exemplo, não conseguimos prever a maioria dos desastres naturais).

Voltando à estruturação da Qualidade Total nos Estados Unidos, na década de 1980, um de seus primeiros produtos foi o estabelecimento do Prêmio Malcolm Baldrige de Qualidade, instituído em 1987. Coordenado pelo NIST (National Institute of Standards and Technology - Instituto Nacional de Padrões e Tecnologia), o prêmio possui um arcabouço conceitual e prático que permite às organizações avaliarem seus esforços de melhoria do desempenho, diagnosticarem o comportamento de seu sistema de gestão e identificarem forças e oportunidades de melhoria - além de reconhecer práticas que podem servir de modelo a outras instituições. O referencial teórico do Prêmio Malcolm Baldrige vê as organizações como um sistema composto por sete dimensões interligadas:
- Liderança;
- Estratégia

- Clientes
- Força de trabalho
- Operações
- Resultados
- Mensuração, análise e gestão do conhecimento".

"Ou seja, uma organização (ou uma parte dela) é um grande processo que deve se harmonizar desde as camadas mais altas (liderança e estratégia, por exemplo), até a operação e os sistemas de suporte, para garantirem a geração de resultados".

"Pegou rápido, hein, Alex? O uso do referencial Baldrige ocorre, na prática, de duas formas distintas: anualmente o NIST premia as organizações que demonstrem práticas de alto desempenho nas perspectivas e em sua integração e as organizações também podem se utilizar dos critérios para balizarem sua gestão do dia-a-dia, promovendo melhorias contínuas em suas questões internas e em seu desempenho".

"Pedindo desculpas pelo trocadilho: isso tem a ver com a ISO"?

"Tem, sim. A ISO (International Organization for Standartization – Organização Internacional para Padronização) é uma organização não-governamental e de alcance mundial, responsável pela maior quantidade de padrões internacionais já desenvolvidos. Cada série de padrões ISO recebe uma numeração, e a série 9000 diz respeito ao tema Gestão da Qualidade. A ISO 9000 estabelece a abordagem por processos ao desenvolver, implementar e melhorar a efetividade de um sistema de gestão da qualidade, para aprimorar a satisfação dos clientes quando suas necessidades são satisfeitas. O conceito de processo adotado pela ISO é o seguinte: "uma atividade ou conjunto de atividades que usa recursos e é gerenciado para permitir a transformação de entradas em saídas" - novamente, o foco do conceito está nas atividades. Segundo a ISO, a aplicação de um sistema de processos dentro de uma organização, junto com a identificação e as interações desses processos e sua gestão necessária a produzir os resultados, é o que é chamado de abordagem de processos.

Uma das vantagens do uso de um sistema ISO é o controle contínuo permitido pela associação, combinação e interação entre os processos, sendo de fundamental importância conhecer e alcançar os requisitos e necessidades envolvidos, considerar processos em termos do seu valor adicionado, obter resultados de desempenho e efetividade do processo e melhorar continuamente os processos com base na mensuração dos objetivos".

"Houve uma certa "febre de ISO" há uns vintes anos atrás...".

"De fato. Além disso, modelos referenciais como os critérios Baldrige ou a série 9000 da ISO inspiraram movimentos semelhantes como a criação do Programa GesPública do governo brasileiro e seu modelo de excelência em gestão pública (MEGP), bem como o modelo de excelência em gestão (MEG), mantido pela

Fundação Nacional da Qualidade – FNQ. Tais modelos têm diversos pontos fortes ao serem adotados, como fomentar a visão sistêmica, buscar tanto a gestão interna quanto a geração de resultados, envolver várias pessoas e unidades na solução de problemas, motivar e formentar respostas desejadas por meio de iniciativas como os prêmios de gestão e compartilhar práticas de sucesso. No entanto, temos uma tendência a aumentar os riscos de efeitos indesejados em nossos projetos de gestão quando adotamos ciclos excessivamente longos até os resultados. Condenamos nossas iniciativas a ter um comportamento linear incompatível com a natureza humana e a natureza do contexto complexo, tentando assumir o papel dos outros agentes que fazem parte do sistema observado. Também costumamos não usar técnicas mais naturais, avançadas e de altíssimo desempenho, desconsiderando o fato de que nunca tivemos na história tanta capacidade de processamento e a chance de ouvir como cada participante de um sistema ou processo complexo pode interagir".

"Concordo com você. Já tive de responder a diversos questionários longos a respeito da gestão de minha unidade e lá pelo meio da pesquisa não conseguia me concentrar nas respostas dadas. Além disso, até que a solução fosse implantada, ou o problema já não mais existia ou havia ganhado a queda de braço".

"É, e uma coisa que nem sempre é lembrada por quem trabalha com gestão, por incrível que pareça, é o papel dos seres humanos e a comunicação entre eles. Existe um livro escrito em parceria pelo economista Richard Thaler e pelo professor de Direito Cass Sunstein, chamado "Nudge" – o empurrão ou o cutucão que move-nos em uma direção desejada. Combinando pesquisas nas áreas de psicologia e de economia comportamental, os autores levantam várias questões a respeito da racionalidade de julgamentos e decisões que tomamos, demonstrando haver erros previsíveis baseados em comportamentos passados, em falácias e em influências das interações sociais. Segundo Thaler e Sustein, todos nós possuímos dois sistemas de pensamento, bastante distintos entre si e que usamos em momentos diferentes de nossas experiências: o sistema reflexivo – que é controlado, requer esforço, é dedutivo, lento, consciente e seguidor de regras. E o sistema automático – que é involuntário, não requer esforço, é de alta velocidade, associativo, inconsciente e habilidoso. O primeiro trata, por exemplo, de resolução de problemas aritméticos, enquanto que o segundo é aquele que nos faz esquivar de um objeto jogado em nossa direção".

"Interessante...".

"Os autores mostram que gostamos de ter à mão conjuntos de "regras de ouro" que facilitam nossa tomada de decisão – seriam regras que funcionariam em qualquer situação, mas que, na realidade, acabam sofrendo desvios sistemáticos. Quantos de nós, trabalhando com gestão, já não ouviu ou usou a tal "regra de Pareto", querendo dizer que apenas 20% dos aspectos de qualquer processo observado respondem por 80% dos seus impactos"?

"Vai me dizer que nem sempre Pareto está certo...".

"Não está, há um grupo de fenômenos para os quais seu valor é quase nulo. Dois psicólogos israelenses pesquisaram comportamentos na década de 1970 e identificaram três dessas "regras de ouro" que demonstram tais desvios: a ancoragem - quando procuramos algo similar, uma âncora conhecida, ao nos depararmos com uma situação desconhecida –, a disponibilidade (quando um risco familiar à realidade que vivemos será visto como mais perigoso e com maiores impactos, caso ocorra) e a representatividade, quando consideramos estereótipos conhecidos. Os três comportamentos podem nos fazer assumir parâmetros que nos levarão a más decisões, mas, de modo complementar, é possível dar cutucões para retomar o melhor caminho".

"Dê um exemplo".

"Com o maior prazer. No YouTube você pode acompanhar vários desses fenômenos, e um dos que eu mais gosto é a câmera fiscalizadora de velocidade de carros que oferece bilhetes de loteria".

"Fiquei na mesma...".

"É o seguinte: todos nós conhecemos as câmeras que fotografam motoristas que excedem o limite de velocidade de uma rua – mas essa experiência adaptou o mesmo equipamento para tirar fotos dos motoristas que passavam dentro dos limites estabelecidos e gerar bilhetes da loteria municipal para quem andasse na linha. Com isso, houve uma redução de mais de 20% da velocidade na via e as pessoas ficaram entusiasmadas com a chance de serem premiadas por serem bons cidadãos".

"Impressionante! – um cutucão que muda a cultura vigente".

"Há um trabalho também muito interessante, associado ao pensador chileno Humberto Maturana e a Rafael Echeverría, denominado ontologia da linguagem, no qual se busca investigar a natureza do ser humano. Maturana diz que todos nós somos sistemas observadores do mundo e que modelamos sua manifestação, criando as interpretações que vivemos, a aprendizagem e as mudanças desejadas".

"Meio esotérico, não"?

"Eu diria que bastante holístico – lembre que um arranjo de seres humanos (como os processos que trabalhamos) transcende a mera representação mecânica de fluxos de atividades. Quando reconhecemos as pessoas como seres linguísticos e sua capacidade de criar coisas por meio da linguagem, estamos compreendendo o que a ontologia da linguagem busca estudar. Existe, inclusive, um modelo denominado OSAR (Observador / Sistema / Ação / Resultados) cujo diagrama, para nós que estamos acostumados a tratar com processos e outros arranjos sistêmicos (como ISO, MEG, MEGP, etc), pode parecer familiar. Mais interessante ainda, Echeverría diz que o modelo OSAR deve ser lido da direita para a esquerda, do fim para o começo, ou ainda, dos resultados para o sistema. Guarde esta recomendação viva em sua mente, pois o método de gestão de processos mais avançado que existe também baseia-se no mesmo pressuposto".

"Mais isomorfismo...".

"Existem fatores que podem influenciar nossas ações, tais como predisposições biológicas, aquisição de competências, mudanças tecnológicas, fatores emocionais e nossos hábitos. O modelo OSAR indica quatro tipos possíveis de aprendizagem (aquilo que nos leva a mudanças em nossa ação), desde alterações nas próprias ações que geram os resultados até algo mais profundo, quando alteramos nossa mente".

"E a tal da Programação Neurolinguística (PNL), é a mesma coisa"?

"Eu diria que são abordagens muito próximas. Na década de 1970, um matemático e programador de computadores (Richard Bandler) e um linguista (John Grinder) idealizaram um método não-científico de estudo da estrutura subjetiva humana e de sua aplicação para gerar comportamentos desejados. É uma ferramenta educacional que visa a programar a mente das pessoas por meio da linguagem e o ponto central da PNL busca identificar os modelos, estratégicas e crenças existentes e promover alterações para facilitar a comunicação e os resultados dela decorrentes. Por sua vez, quando em se tratando de técnicas, a PNL envolve a modelagem de comportamentos e crenças de referenciais de sucesso".

De novo a ideia de modelagem".

"A PNL assume vários pressupostos, tais como 'todas as ações têm um propósito', 'todo comportamento tem uma intenção positiva', 'a mente inconsciente contrabalança a consciente', 'todo ser humano tem ou pode criar todos os recursos da comunicação' e 'se quiser obter a compreensão, aja!'".

"Você falou algo sobre crenças, Paiva – e eu acho que isso é um dos principais fatores que podem mobilizar ou atrapalhar um projeto inovador".

"Pode apostar!. Uma vez que o grande objetivo da PNL é formar no indivíduo representações consistentes dos estados desejados (e, dessa forma, produzir comportamentos positivos), a PNL defende que as crenças representam uma escolha consciente, dinâmica e conectada à ação. Isto é muito bom, porque ainda que tenhamos alguma crença muito profunda, podemos modificá-la e ter resultados distintos dos que temos conseguido. As fontes principais de nossas crenças são ambientes, eventos, conhecimento e resultados passados ou, por mais estranho que possa parecer, a criação mental de experiências futuras. Este ponto é de alta relevância para nós: se estamos evoluindo para um conceito de processos baseado em seres humanos (e não mais em um conjunto de atividades), se as pessoas têm seus comportamentos afetados por suas crenças e se elas podem ser alteradas pela criação da experiência que queremos alcançar, isto deve ser um elemento central dos métodos que venhamos a sistematizar para a gestão de processos".

"Sem dúvida! – mas as consultorias que conheço dão pouca ou nenhuma importância para tal aspecto".

"É bem mais fácil modelarmos apenas fluxos de atividades – mas, também, é o caminho mais rápido para o insucesso".

"Uma outra bela sacada que a PNL trouxe à tona diz respeito à diferença entre métodos de aprendizagem e de resolução de problemas que verificamos em nosso dia-a-dia. Há abordagens que nos fazem reviver a dor, estudar as disfunções, passar por todas as dificuldades, para só depois alcançarmos sua superação. São métodos que afirmam termos de fazer transbordar nosso bule antes de podermos completá-lo com novos comportamentos e ideias. Porém, há outros métodos que afirmam isso não ser necessário, pois nossa mente funciona com um HD de computador, ou seja, não precisamos percorrer "setores" com registros desagradáveis para acessar o resultado ou o comportamento desejado. Desta forma, podemos idealizar e nos concentrar apenas em experiências positivas (passadas ou futuras) e trazê-las ao presente. Esta noção diz que o processo de ensino deve trocar "o que" precisa ser aprendido, pelo "como" eu posso aprender o que desejo".

"Genial!!! Então aquela abordagem tradicional de gestão de processos, de que temos de modelar o estado atual para chegarmos a uma solução...".

"... cai por terra! A PNL ainda tem algumas recomendações que gosto de ressaltar, tais como iniciar a construção dos modelos a partir dos resultados (de novo, a ideia "do fim para o começo"), detalhar o objetivo desejado para acelerar o seu alcance e compreender que a comunicação é uma rede de valores que constantemente alteram seus estados, gerando resultados. Até parece que quem concebeu a PNL estava falando de processos – valores, seres humanos, resultados...".

"Muito bom, Paiva".

11:00 AM, sala de reunião

"Já estão com fome"?

"Não – acho que a preocupação com a entrega desligou meus circuitos internos de preservação da espécie".

"Eu também estou bem; pode seguir adiante".

"Certo. Um tema que está sempre associado à gestão de processos é a questão das redes. Se vocês puxarem pela memória, irão se lembrar das famosas redes de processos adotadas pelas instituições há alguns anos".

"Verdade, lembro muito bem".

"Pois é, e com o advento das redes sociais em nossas vidas, cada vez mais desejamos saber se há princípios norteadores da construção e do funcionamento de redes. Tenho uma pequena história de onde isso começou: no século 18, a cidade de Königsberg (hoje

Kaliningrado) vivia um dilema que ninguém conseguia solucionar. Sua geografia demonstrava duas ilhas cortadas pelo rio Prególia e que, juntas, formavam um complexo de massas de terra ligadas por sete pontes. A discussão corrente naqueles tempos era se haveria um modo de se atravessar todas as pontes sem que nenhuma delas fosse repetida".

"E era possível"?

"Não, e o responsável pela solução do enigma foi o matemático Leonhard Euler que chegou à resposta, em 1736, a partir de um raciocínio bem simples e lógico obtido a partir da modelagem da geografia da cidade na forma de um diagrama. Os caminhos existentes foram transformados em retas e suas interseções em pontos, criando uma forma de representação que hoje chamamos de grafos. Os grafos são os pais da moderna representação de redes e, por que não dizer, de processos".

"Chocante"!

"Um vídeo que eu gosto muito e que está disponível na internet, é o documentário da BBC "Seis graus de separação", que estuda a lenda urbana de que qualquer um de nós está a, no máximo, seis conexões de outra pessoa na Terra".

"Como assim"?

"Por exemplo, você conhece diretamente o presidente do Estados Unidos"?

"Não, imagina"!

"Pois segundo tal pensamento, você conhece alguém que, por exemplo, estudou com um aluno de intercâmbio na universidade, que por sua vez fez aula de atletismo com uma menina de Chicago que, olhe só a coincidência, foi colega de bairro da filha do Trump e, portanto,... em poucos passos, você tem acesso ao presidente norte-americano".

"Mas isso é verdade ou só um mito"?

"Nem uma coisa, nem outra. Existem redes que possuem tal comportamento e outras cujas conexões típicas são maiores. O matemático americano Steven Strogatz diz que começou a se interessar pelo comportamento de redes a partir de uma experiência amorosa na faculdade, quando procurou descrever na forma de equações os comportamentos amorosos entre duas pessoas (atrações e declínio do interesse de acordo com o tempo e com estímulos dados e recebidos). Segundo ele, oscilações na natureza pareciam se comportar da mesma forma que oscilações de uma paixão. O ponto seguinte de interesse de Strogatz foi a questão da sincronicidade. O que havia por trás de fenômenos de seres que, em dado momento, perdiam suas características individuais para assumir um comportamento de grupo, para depois recuperarem suas identidades? Em outras palavras, como a ordem surge do caos"?

"Em nossos arranjos organizacionais, somos levados a acreditar que equipes funcionam sob a batuta de um condutor, de um maestro, de um líder – mas nem sempre isto é verdade, não"?

"Exatamente – bilhões de nossas células cerebrais interagem em harmonia, sem que haja uma célula-líder, da mesma forma que as dez mil células marca-passo de nosso coração funcionam em grupo, coordenando o batimento cardíaco sem a presença de um regente. Strogatz encontrou em Duncan Watts um colaborador para estudar fenômenos desafiadores da natureza, e vários modelos foram sendo propostos e aperfeiçoados. O primeiro exemplo que permitiu a Strogatz e a Watts testarem suas ideias foi a indústria de cinema de Hollywood. A partir de uma entrevista do ator Kevin Bacon em 1994, na qual ele brincava que havia trabalhado com todo mundo em Hollywood – ou com alguém que havia trabalhado com todo mundo –, três estudantes criaram um jogo na Internet que dizia ser "Kevin Bacon o centro do Universo". O jogo, chamado "Oráculo de Bacon" e ainda hoje disponível em www.oraclebacon.org, utiliza banco de dados da indústria cinematográfica e permite que você veja a quantos passos ou graus qualquer ator está de um colega de profissão. Como o mundo real não é completamente aleatório na formação das redes – ou seja, alguns de seus nós irão se conectar a outros não somente por obra do acaso -, o físico húngaro Albet-Lászlo Barabási estudou sua dinâmica e chegou a uma curva com o formato de uma distribuição exponencial, com muitos nós tendo poucas conexões, mas demonstrando que um pequeno grupo de pontos possuía uma quantidade assombrosa de conexões. Tal resultado inesperado levou ao conceito de "hubs", os concentradores que direcionam o tráfego para outros nós da rede de forma espantosa".

"Isso parece muito bom, pois se conhecemos comportamentos universais das redes e de seus nós (incluindo os concentradores), podemos projetar e induzir melhor como queremos que nossos processos funcionem".

"Tem razão – e devemos cuidar com carinho dos concentradores, uma vez que eles são a força e a fraqueza das redes".

"Ih, acho que perdi essa ideia...".

"Seguinte: se é verdade que a melhor forma de disseminar uma informação na rede é por meio deles (uma vez que os concentradores têm um número de conexões muito maior que a média), qualquer ataque a eles fará com que a rede não consiga se manter em funcionamento. Conhecer o comportamento das redes e dos relacionamentos entre seres humanos, é fundamental para nossa compreensão moderna de gestão de processos".

"Agora, sim"!

"Pedi para a secretária trazer almoço para nós todos – não é que eu queira que fiquemos sem comer dignamente, mas está a maior chuva lá fora e corremos o risco de ficar presos no trânsito. Vamos avançar mais um pouco até que os pratos cheguem"?

"Claro".

"Muito bem. Como você já deve ter percebido, Alex, estou falando de várias abordagens que têm tudo a ver com uma proposta moderna de gestão de processos e criatividade, que extrapola a visão mecanicista de fluxos de atividades e procedimentos operacionais. Assim que voltarmos do almoço, começarei a tornar mais claro como que os processos poderão ser representados e geridos – se a chefia concordar com nossa visão –, mas considero imprescindível abrir um pouco nossas cabeças antes de chegar na proposta. Aliás, é disso que trataremos agora, pois uma das coisas que a técnica de design thinking prega é justamente esse movimento de expansão e de contração, de divergência e de convergência, de abertura de possibilidades e de posterior escolha, para que a solução saia bem melhor do que se tentássemos enclausurá-la a princípio".

"Entendi".

"No fim da década de 1960, o grande pensador norte-americano Herbert Simon lançou um livro revolucionário chamado "As ciências do artificial". Simon foi um cientista político, economista, sociólogo, psicólogo e cientista da computação que contribuiu para inúmeros campos do conhecimento humano, desde a psicologia cognitiva até a administração pública, a partir de estudos relacionados à tomada de decisão. São notórias suas ideias a respeito de inteligência artificial, processamento de informação e resolução de problemas, e o ganhador do Prêmio Nobel de Economia também se interessou profundamente pelo comportamento humano em sua ação e nas consequências de arranjos benéficos para todos os envolvidos. Em "As ciências do artificial", Simon mencionava uma forma de pensar nas ciências, e foi Robert McKim que em 1973 cunhou a expressão engenharia do design. Depois, Rolf Faste expandiu os trabalhos de McKim nas décadas de 1980 e 1990 na Universidade de Stanford, passando a ensinar o design thinking como um método de ação criativa. David Kelley adaptou tal ideia para o campo dos negócios, gerando a noção de tratar-se de um método prático-criativo de soluções de questões, com vistas a um resultado futuro".

"Interessantíssimo"!

"Outras características fundamentais do design thinking é que ele se concentra no objetivo a ser alcançado (e não em disfunções existentes) e trata simultaneamente estados presentes e futuros, problemas e soluções. Essas características serão fundamentais em nossa proposta metodológica de gestão de processos. Tendo em vista os contextos em que o design thinking é aplicado, poderíamos dizer que seu uso em âmbito social leva, naturalmente, à abordagem de sistemas complexos. Nesse sentido, as soluções a serem buscadas devem considerar que:

- as pessoas são o centro do desenvolvimento;
- os resultados a serem alcançados devem satisfazer simultaneamente aos níveis individual e coletivo das pessoas que participam dos sistemas, redes, processos;

- o trabalho a ser desenvolvido deve ser colaborativo e interativo;
- o processo de criação é, claramente, não-linear".

"Existiria também um ciclo típico de design thinking"?

"Sim, mas os autores divergem um pouco quanto a um padrão único. Eu diria que um ciclo não-linear de resolução de uma questão, centrado no papel do design, envolve fases tais como:

- a definição clara do que se deseja abordar, do resultado a ser alcançado, do público-alvo associado;
- a pesquisa do contexto em que a questão se encontra, seu histórico, exemplos disponíveis, tentativas anteriores e seus resultados, os agentes e partes interessados;
- a ideação, ou seja, a visualização das necessidades e a geração de ideias para satisfazê-las, sem um julgamento prévio;
- a prototipação de soluções, com a combinação, a expansão e o refinamento de ideias, o rascunho de possibilidades, a consideração de feedbacks recebidos, a apresentação de ideias e também de protótipos que emulem a realidade do que será desenvolvido;
- a escolha de um caminho, com a revisão dos objetivos, a prática do desapego de ideias originais em favor do todo, a fuga da necessidade de consenso, a opção por ideias poderosas - nas quais nem sempre aquela de maior praticidade se mostrará como a melhor;

- a implementação de planos, a execução do que foi previsto e a entrega das soluções;
- a aprendizagem, com feedbacks dos clientes ou usuários, a verificação do alcance dos objetivos, a discussão de melhorias a serem incorporadas em versões seguintes, a mensuração do sucesso obtido e a documentação do processo.

Métodos baseados em design thinking são orientados às pessoas e procuram preservar a ambiguidade de visões. A co-evolução é um requisito para o desenvolvimento de soluções e a visão de que ao tornarmos tangível uma ideia a comunicação do que queremos é potencialmente facilitada".

"Uma vez eu li que o design thinking é bem aplicável a problemas que costumam resistir às soluções tradicionais, os chamados 'wicked problems'".

"Você está novamente correto. Especialmente nesses casos em que observamos incompletude, contradições e mudanças de requisitos com o tempo, o design thinking se mostra bem mais efetivo que as formas clássicas de resolução de problemas. Além disso, o momento do insight é bem valorizado – quando descobrimos um caminho repentino, muitas vezes vindo diretamente do nosso inconsciente".

"Estou fazendo aqui uma lista de conhecimentos que dificilmente uma proposta convencional de gestão de processos iria contemplar: design thinking, outras notações de processos, Qualidade Total, ISO e outros referenciais de gestão, comunicação, ontologia da linguagem, programação neuro-linguística, teoria de redes... Puxa, ainda tem mais"?

"Muito mais! – mas acho que podemos falar somente de mais dois temas antes que a fome aperte: os cisnes negros e os sistemas complexos".

"Cisnes negros"?

"Cisnes negros: imagine que você é um navegante do século 17 que avista pela primeira vez um animal igualzinho ao que você conhece como um cisne – à exceção da cor, pois ele é negro como a noite. Isso causaria uma grande reviravolta em seu pensamento e você teria de escolher entre mudar seu paradigma de que "todos os cisnes são brancos" ou renegar a sua descoberta, dizendo que se tratava de um outro tipo de animal, apenas semelhante a um cisne".

"Pensei que tinha a ver com aquela velha máxima de que "isso é tão difícil de encontrar quanto um cisne negro"...".

"Também tem a ver, pois o cisne negro – assim definido pelo estatístico e analista de riscos libanês radicado nos Estados Unidos, Nassim Nicholas Taleb –, é um fenômeno que é altamente improvável de ocorrer, que uma vez que ocorre abala nossa maneira de ver o mundo, e que assim que tomamos conhecimento dele, tendemos a criar explicações posteriores que dizem que ele era facilmente previsível".

"Mas o Taleb não concorda com isso"?

"Não mesmo. Seus estudos indicam que ao contrário do que dizem as correntes mais usuais da gestão, os "cisnes negros" são mais frequentes do que pensamos, sendo a realidade algo mais complexo e imprevisível do que podemos imaginar. Assim, suposições que parecem ser relevantes para situações-padrão e processos "bem comportados" têm menos importância para casos irregulares - especialmente, quando as regras do jogo mudam de forma dinâmica, a todo o tempo".

"Isso tem tudo a ver com o que acabamos de falar quanto aos 'wicked problems'".

"Um ponto fundamental da observação de Taleb é que a noção de cisne negro depende do observador e do contexto. O açougueiro pode considerar totalmente previsível que no Natal o consumo de aves aumente, mas os pobres animais certamente não contam em virar ceia no dia 24 de dezembro; em outras palavras, para um dos agentes envolvidos (o açougueiro), o evento não é um "cisne negro" - mas certamente a imprevisibilidade e o alto impacto estarão presentes na vida do peru de Natal. Caso tais fenômenos de tal impacto e de alto grau de imprevisibilidade sejam realmente impossíveis de serem preditos ou mesmo impedidos, a ideia de Taleb é tentar "acinzentar" os cisnes quando de sua ocorrência, conhecendo antecipadamente condições que podem ocorrer quando um fenômeno desses se apresentar e aproveitar tal conhecimento para tomar as melhores decisões".

"Tem um amigo nosso que diz que "qualquer fenômeno, se observado por um longo tempo, conduzirá a uma distribuição normal de suas respostas aos estímulos". Ou ainda, que, segundo o princípio de Pareto, devemos nos concentrar apenas em 20% das ocorrências que carregam 80% da informação relevante. Isso é verdade"?

"Excelente questionamento! Taleb não crê nisso de forma alguma – pelo menos, quando afirmamos que "qualquer fenômeno" se comporta assim. Segundo ele, há tipos de fenômenos na natureza que até seguem tal ideia – por exemplo, se medirmos a estatura das pessoas adultas que habitam em nossa cidade, devemos ter uma alta concentração de altura em torno de valores centrais e menos valores quando nos afastamos de tal média. Porém, quando estudamos fenômenos como as conexões entre sites da Internet, a acumulação de riquezas por pessoas ou organizações, os ataques terroristas ou a popularidade de indivíduos em redes sociais, chegamos a resultados de curvas exponenciais – nada tendo em comum com as distribuições normais. Taleb menciona o matemático belga Adolphe Quételet como principal responsável por essa ideia equivocada que cultivamos ainda em nossos tempos. Quételet, além de matemático, foi um brilhante astrônomo, demógrafo, estatístico e sociólogo do século XIX, apaixonado pelo rigor metodológico e pela observância às regras. Apesar de sua importante contribuição como estatístico social, seu pensamento ainda continha traços de um positivismo radical e de um preconceituoso determinismo biológico. Quételet aplicou seus estudos ao conceito do que ele chamava de "homem-médio", como se existisse um comportamento padrão que pudesse ser estendido à humanidade como um todo. Taleb aponta que a falta de distinção entre os objetos de pesquisa do doutor Quételet conduziu a uma visão distorcida de mundo em que vivemos como, por exemplo, em sua proposta de desenvolvimento de critérios para averiguação de proporcionalidade entre massa corporal e altura. Ao que tudo indica, os dados levantados incialmente referiam-se a populações específicas de uma determinada região, mas foram tomados como verdades universais e até hoje influenciam a forma de pensamento da Saúde Pública em nossos países".

"Por isso... quem está fora das normas é um 'anormal'".

"Infelizmente".

"E há resultados concretos de que nadar contra a corrente – isto é, reconhecer os "cisnes negros" – traz resultados exitosos"?

"Há, sim. O próprio Taleb tornou-se milionário apostando na bolsa em movimento diametralmente opostos à maioria dos investidores. Tem um caso que ouvi de um consultor que trabalhou conosco, bem interessante, que demonstra como ir na direção contrária pode ser vantajoso. Durante o ataque terrorista de 11 de setembro de 2001, um banco localizado na segunda torre do World Trade Center (WTC) conseguiu salvar todos os seus funcionários antes de sua derrubada. Assim que a primeira torre foi atacada, o caos se instalou e a segurança central do WTC passou a orientar a todas as corporações e pessoas nos prédios que mantivessem a calma e aguardassem novas orientações. Aquele banco, no entanto, recuperou seu plano de segurança - um daqueles documentos que costumamos escrever e imediatamente arquivar, sem nunca lhes dar atenção - e verificou que havia uma seção intitulada "o que fazer no caso de um ataque terrorista aéreo ao WTC", algo extremamente improvável de ocorrer. No capítulo em questão, o responsável pela redação do plano - um militar veterano de guerra - afirmava que caso tal ataque ocorresse, a probabilidade das duas torres serem derrubadas era imensa; isto porque o primeiro prédio serviria como um espécie de "isca", chamando a atenção das pessoas e da imprensa para o que estaria ocorrendo, mas não teria toda a visibilidade desejada por um atentado terrorista. Assim, era bastante razoável considerar que a segunda torre seria o alvo principal dos ataques, pois quando de sua derrubada, todos os olhos estariam voltados para ela. Contrariando todas as recomendações do condomínio central do World Trade Center, o banco resolveu cumprir seu plano de segurança e evacuar suas instalações completamente – e nenhum de seus empregados estava no prédio quando do choque do segundo avião com a torre".

"Estou sem palavras...".

"Então deixe-me falar um pouco de sistemas e pensamento complexos. Acho que você continuará boquiaberto. Edgar Morin é um filósofo e sociólogo francês que trabalha a complexidade ou o pensamento complexo, de forma a melhor representar o mundo real. Morin aponta evidências científicas que demonstram a falência da forma tradicional de encarar a realidade – como as recentes descobertas da Física, da Astronomia e da Biologia – e formula os conceitos-chave de dialógica e de recursividade".

"O que isso quer dizer"?

"Por dialógica, Morin entende que é a unidade complexa entre duas lógicas, entidades ou substâncias complementares, concorrentes e antagônicas que se alimentam uma da outra, se completam, mas também se opõem e combatem. Pensar dialogicamente é compreender que a realidade se constitui, modifica, destrói e regenera a partir de princípios e forças contrárias (por exemplo, todos os fenômenos e sistemas naturais ou humanos obedecem a uma ordem que foi produzida a partir de uma desordem inicial que, por sua vez, resultou da destruição de uma ordem anterior – ordem e desordem não podem ser pensados separados, mas como um par que na sua relação dialógica produz as infinitas configurações e modificações do real). Por oposição ao princípio determinista da causalidade linear (no qual todos os fenômenos têm uma causa e são, por isso explicáveis em relações particulares de causa-efeito), Morin afirma que é preciso pensar a recursividade ou, seja, a possibilidade da causa agir sobre o efeito e de o efeito agir sobre a causa. São exemplos de aplicação deste conceito difícil para os nossos hábitos de pensamento, a concepção de reações complexas entre indivíduo e sociedade".

"Que fantástico! Nesta semana mesmo estive assistindo a um vídeo que mencionava fenômenos anti-causais, a partir de um experimento em que pessoas eram expostas a imagens aleatórias, e que elas davam sinais responsivos (como aumento do suor das mãos) segundos antes de serem expostas, digamos, a uma imagem de um terrível acidente".

"Incrível, não? Como já disse Shakespeare (pela boca de Hamlet), "há mais coisas entre o céu e a terra do que supõe nossa vã filosofia." Ainda falando de sistemas complexos, na década de 1950, o cientista canadense Albert Willian Tucker batizou e interpretou o chamado "dilema do prisioneiro", modelo de cooperação e conflito concebido por Flood e Drescher, resultando naquele que é considerado o paradoxo teórico mais conhecido da teoria dos jogos. Tal construção mostra porque dois indivíduos puramente racionais podem não cooperar entre si, ainda que o contexto lhes mostre que isso é a melhor opção que ambos dispõem".

"Já ouvi falar desse dilema, no qual dois membros de uma gangue são presos e confinados separadamente em celas do tipo solitárias, sem possibilidade de qualquer contato entre si. O procurador não possui evidência suficiente para processá-los e ambos esperam ser sentenciados à pena mínima de um ano na prisão.

Simultaneamente, o procurador oferece a cada um, de forma separada, um acordo: os prisioneiros podem acusar o outro pela autoria do crime ou cooperarem com seu parceiro, ao manterem silêncio. No entanto:

- se o prisioneiro A e o prisioneiro B acusarem um ao outro, cada um cumprirá uma sentença de dois anos de prisão;
- se A acusar B e este permanecer em silêncio, A será libertado e B ficará por três anos encarcerado (e vice-versa);
- se A e B se mantiverem em silêncio, ambos cumprirão apenas a pena mínima de 1 ano na prisão".

"Muito bem formulado, Alex. No problema proposto, está implícito que os prisioneiros não terão a oportunidade de recompensar ou punir seu parceiro com sentenças maiores que eles mesmo terão e que suas decisões não afetarão sua reputação no futuro. Como trair o parceiro oferece uma maior recompensa que cooperar com ele, todo prisioneiro puramente racional e auto-centrado iria delatar o outro, o que resultaria na pena maior sendo cumprida por ambos. O curioso do experimento é que, se em vez de pensarem individualmente ambos cooperassem, os dois prisioneiros receberiam a pena mínima ao se manterem em silêncio.

Modernamente, processos são vistos como grandes redes cooperativas de pessoas por um objetivo comum - mas se tal objetivo não estiver bem claro e se os comportamentos humanos individuais se sobressaírem em relação à visão compartilhada, corremos sérios riscos de não alcançarmos o que desejamos. O recentemente falecido matemático norte-americano John Nash, cuja vida fascinante rendeu o filme vencedor do Oscar "Uma mente brilhante", foi outro genial pensador da teoria dos sistemas complexos a estudar o assunto, dedicando boa parte de sua produção a jogos não-cooperativos, ou seja, aqueles em que os indivíduos tomam decisões por si só. De maneira análoga, contribuiu para o conhecimento de arranjos hoje chamados de "ganha-ganha", repetindo a proposição de situações em que todos podem se beneficiar dos resultados dependendo do tipo de comportamento adotado".

"Paiva, você não participa, de vez em quando, de reuniões de um grupo científico voltado à complexidade"?

"Sim, é a SDPS (Society for Design and Process Science – Sociedade para a Ciência de Design e Processos), criada por cientistas como o indiano C. V. Ramamoorthy, o chinês Raymond Yeh, o alemão Carl Petri e o brasileiro Fuad Gattaz Sobrinho. A SDPS tem como visão catalisar a mudança, promover novas alternativas para problemas sociais complexos, desenvolver a ciência de design e processos aplicada às tecnologias tradicionais, promover lideranças e encorajar a troca de conhecimentos, reconhecer resultados, prover planos sustentáveis e apoiar estudantes interessados no assunto.

Sistemas complexos representam uma nova abordagem científica que estuda como as relações entre as partes de um arranjo criam comportamentos coletivos sistêmicos e como os sistemas interagem e estabelecem relações com o ambiente a que pertencem. Com origens econômicas na virada do século XIX para o século XX, a teoria moderna de sistemas complexos aplica-se a situações em que as abordagens tradicionais parecem não ser suficientes, e várias disciplinas hoje se utilizam de seus princípios, como a antropologia, a inteligência artificial, a ciência da computação, a meteorologia, a biologia molecular e a sociologia. Lembra que no começo de nossa conversa mencionamos o padrão BPMN de notação de processos"?

"Sim".

"Pois o professor Fuad Gattaz criou um modelo de processos denominado VBPMN, que engloba o BPMN e apresenta algumas vantagens – falarei nelo quando voltarmos do almoço. A base teórica dos trabalhos realizados pela SDPS inclui sistemas complexos, teoria de redes, orientação a valor, pensamento de design, cooperação e arranjos "ganha-ganha". Nos encontros regulares promovidos pela sociedade, é comum abordarmos temas relevantes como:

- design integrado e tecnologia de processos;
- transdisciplinariedade e convergência;
- sociedades inteligentes e inovadoras;
- cidades saudáveis inteligentes;
- ciência transformativa, engenharia e inovação nos negócios;
- inovação tecnológica.

Como se vê, questões altamente complexas, de forte apelo social, para as quais as abordagens tradicionais não são suficientes".

"Paiva e Alex"?

"Sim, Vivian, alguma dificuldade"?

"Só com a minha fome; a secretária disse que nosso almoço acabou de chegar".

"Ótimo! Vamos à Sala da Diretoria para termos mais privacidade e continuarmos a conversa".

"Mas, Paiva, como assim Sala da Diretoria? Não somos parte dela...".

"É que aquela é a melhor vista da cidade para um belo almoço e para deixarmos nosso inconsciente trabalhar sem preocupações, para que nossa proposta esteja perfeita ao fim do dia. Os diretores só se reunirão daqui a uma semana e é um desperdício deixar aquele espaço maravilhoso sub-utilizado. De mais a mais, aprendi com uma amiga minha que é preferível pedir desculpas do que pedir permissão em casos simples como esse. Concordam comigo"?

"Sim! Você é o cara"!

"Então,... o que estamos esperando"?

12:00 PM, Sala da Diretoria

"Paiva, você tinha toda a razão: a vista aqui de cima é fantástica!

"E seria ainda melhor se não estivesse chovendo. Gostaram do que estão comendo"?

"Sim, muito bom – a salada de folhas e frutas estava perfeita, e esse "Fettuccine a Alfredo di Roma" é o melhor que eu já comi".

"Fico feliz – ainda mais porque duvido que vocês saibam os ingredientes da massa que vocês estão comendo…".

"Como assim"?

"Já explico; primeiro, vamos terminar a sobremesa: torta de chocolate e laranja".

"Parece deliciosa"!

***

"Bom, como estamos chegando perto da hora de sua apresentação – apesar da Vivian ser uma especialista no assunto –, pensei em continuarmos a conversa enquanto tomamos nosso café. Vamos efetivamente entrar agora na proposta de abordagem metodológica de gestão de processos em que eu acredito - e, vamos combinar, Alex, fique à vontade para contestar ou modificar qualquer item do que eu falar, certo"?

"Até agora, concordei com tudo em gênero, número e grau".

Que bom. Quando mencionamos o diagrama "cadeia de valor" na manhã de hoje, deixamos implícito que a cada transformação existente em um processo há uma agregação de valor para a etapa seguinte, fazendo que os resultados (intermediários ou finais) sejam diferentes do que as entradas que os geraram. Porém, quando as pessoas desenham uma cadeia de valor, ao contrário das etapas /

fases / atividades que são descritas no modelo, o mesmo não ocorre para os valores".

"Ué, mas o diagrama não se chama, justamente, cadeia de valor"?

"Pois é, para mim isso é um completo paradoxo. Talvez o gráfico merecesse ser rebatizado de cadeia de atividades. Infelizmente, o mesmo se repete no caso dos mapas de processo que costumamos desenhar. Novamente, o centro das atenções são as atividades, sendo que o próprio padrão BPMN de notação não nos obriga a representar valores. Na verdade, mesmo quando os representamos não é comum termos a possibilidade de incluirmos atributos / características aos valores, fazendo com que haja uma percepção tácita de que uma atividade é conectada diretamente à outra sem grande importância para os valores que existem entre elas".

"Acho que estou percebendo o tipo de problema que uma representação desse tipo pode causar - imagine, por exemplo, uma atividade denominada "confecção de camisas", que gera um resultado "camisa" e uma próxima atividade chamada "venda da camisa". Se eu represento os elementos mencionados em meu diagrama, pareço estar mais próximo de uma realidade que me sugere ter um conjunto de propriedades ligadas à etapa de confecção (por exemplo, os perfis dos profissionais que a realizam, sua carga de trabalho diária, seus salários, as competências requeridas para o posto de trabalho) e outro conjunto bem distinto relacionado à própria camisa confeccionada (tipo de material, tamanhos disponíveis, preços de venda, por exemplo). Quando meu modelo não necessariamente inclui os valores, como eu poderia representar questões como a diferença que existe entre o custo de produção e o preço de venda que irei praticar e o fato de que a equipe de confecção ter produzido uma camisa não quer dizer que a equipe de venda a tem disponível para sua ação"?

"Tem razão – e devo confessar que durante muito tempo, quando eu atuava como consultor de processos, eu não fazia tal detalhamento em meus mapas de processo – o método em que eu havia sido treinado não possuía tal refinamento. Disse que os mapas de processo que costumamos desenhar não mostram valores explícitos – então, vamos tentar identificá-los. Por exemplo, se vocês fossem responsáveis por gerar, como valor final de seus processos, o "Fettuccine a Alfredo" que acabamos de comer. Como vocês provavelmente fariam sua representação em um diagrama"?

"Bom, muito possivelmente eu puxaria uma seta da caixinha que tivesse um nome como "Preparar o almoço" e a ligaria em um símbolo que representasse o valor gerado - por exemplo, um cilindro nomeado 'Fettuccine a Alfredo di Roma'".

"Sensacional!!! É exatamente isso que fazemos ao modelar um processo usando o padrão VBPN. O cilindro que você mencionou é justamente o símbolo associado a um valor gerado, enquanto que uma elipse faria o papel da "caixinha" que você comentou".

"Estou ligado...".

"Você é uma honrosa exceção do mundo de processos – pelo menos 90% dos mapas de processos que construí ou que vi serem elaborados desde 1999 não fazem como você sugeriu. Somente o fato de termos iniciado nossa jornada a partir da entrega que o processo deve gerar já foi um grande avanço, e em seguida devemos descrever as características que ela deve possuir para que seja considerada válida. Entendeu"?

"Acho que sim".

"Por exemplo, vocês acreditam que a "massa" que nós acabamos de comer não é feita de trigo – na verdade, nem massa é? E que também não foi ao forno? E que o molho branco que a acompanhava foi feito à base de castanhas"?

"Como assim"?

"Seguinte: aproveitei que estávamos em um momento criativo e quis fazer um experimento com vocês dois quanto ao sabor desse prato que estou fazendo a partir de uma experiência que tive nos Estados Unidos, quando conheci um chef de cozinha das estrelas de Hollywood que prepara pratos apenas da chamada 'raw food'".

"Raw food"?

"Aqui no Brasil também chamada de alimentação "viva", pois ao não ser aquecida a mais de 40 graus Celsius, preservando a maior parte dos nutrientes do alimento. Assim, o valor "Fettuccine a Alfredo di Roma"

que você descreveu teria algumas características de validade, tais como:
- feito a partir de algas do tipo "Kelp";
- molho preparado a partir de castanhas;
- não ultrapassar a temperatura de 40 graus em seu preparo;
- feito segundo a receita do chef Juliano Brotman".

"Acho que comecei a entender... Quando além de mostrar explicitamente o valor que queremos alcançar nós o caracterizamos, estamos afirmando que não é qualquer entrega que irá nos satisfazer. Por exemplo, imaginando que a pessoa que pediu a refeição que acabamos de comer fosse intolerante a glúten, dizer explicitamente que seu "fettuccine" é feito à base de algas minimizaria seu risco de receber algo diferente e que poderia lhe causar um grande dano à saúde".

"Perfeito, de novo! Métodos de criação, design e modelagem de processos que começam a partir dos resultados, tornando-os visíveis e com características explícitas, têm como principais funções permitir que todos vejam o que deve ser entregue e minimizar efeitos indesejados. Se possuirmos uma boa comunicação na rede de pessoas que faz parte do processo, temos mais chance de garantir conformidade ao negócio. Se você se recorda dos princípios do design thinking que apresentamos no módulo passado, estamos falando da mesma coisa. Temos de ter uma situação identificada, um contexto mapeado e os resultados que nosso processo deve gerar. A partir daí, começamos a refletir o tipo de entrega que irá nos satisfazer - e, somente depois, iremos nos ocupar de sua produção".

"Mas como conseguimos especificar a qualidade do resultado pretendido"?

"Existem várias fontes, tais como referências e estratégias que nos demandaram a atuar naquele processo, normas internas, legislações, planos estratégicos, decisões de diretoria, comunicações oficiais - enfim, há um conjunto extenso de documentos que nos dão pistas valiosíssimas do que o processo deve ter como resultado. A forma mais fascinante de descobrir as características do valor a ser entregue é a escuta às partes interessadas do processo. Em tempos de co-criação, co-evolução e experiência do usuário - e contando com o atual arsenal de instrumentos tecnológicos para dar agilidade a tal consulta -, ouvir clientes, diretores, funcionários, fornecedores, pesquisadores e outros possíveis perfis torna-se essencial para que nosso processo comece a se resolver imediatamente, para que possíveis diferenças entre pontos de vista sejam identificadas logo no princípio dos trabalhos e para que uma onda de confiança vá se formando em torno do processo".

"E isso funciona bem"?

"Um consultor europeu com quem trabalhei disse que na Espanha, depois de uma desconfiança inicial quanto a um procedimento similar a esse que comentamos, as organizações daquele país passaram a considerá-lo a "consultoria mais barata e fiel" que poderiam encontrar no mercado, pois além de ser gratuito - ou de baixo custo -, o ato de pesquisar junto às partes interessadas (em especial, aos clientes) qual a qualidade do resultado que lhes deve ser entregue gera informações com o mínimo de interesses escusos, vindo de pessoas que verdadeiramente desejam processos melhores. A partir de tais dados, podemos identificar pontos de atenção e traçarmos as melhores estratégias de evolução de nossos processos".

"Demais"!

"Para nossa sorte, já existe solução automatizada que implementa a forma VBPMN de modelar um processo – há um tempinho que eu uso o software PArchitect para fazê-lo. Com isso, os símbolos de transformação e de valor (a elipse e o cilindro que destacamos há pouco) são incluídos nos mapeamentos realizados e podemos atribuir características distintas a cada um deles. Por exemplo, "misturar os ingredientes na quantidade correta" é uma propriedade da transformação, enquanto que "ser feito com algas do tipo Kelp" é uma propriedade do valor, correto"?

" Correto".

"Uma das características mais bacanas que enxergo em abordagens menos conservadoras de gestão de processos é que desde a identificação que fazemos dos resultados a serem gerados, compartilhamos nossas informações com outras pessoas. É um processo de co-criação permanente e eu queria mostrar a vocês na tela um livro bem interessante que comecei a ler há pouco. Vocês sabem quem é Ed Catmull"?

"Não".

"Também não tenho a mínima ideia...".

"Mas certamente vocês conhecem seu trabalho. Ed Catmull é o presidente dos estúdios de animação Disney Pixar e é um profissional de tecnologia da informação que, por conta de sua paixão pela computação gráfica, tornou-se um pioneiro em diversas inovações que conhecemos hoje em termos de animação. Junto com Steve Jobs e John Lasseter, Catmull fez a Pixar salvar a indústria cinematográfica do gênero e oxigenar a gigante Walt Disney, produzindo obras magistrais como a trilogia "Toy Story" e os premiadíssimos "Procurando Nemo", "Monstros S.A." e "Up!"".

"Lá em casa somos fãs de todos os filmes que você mencionou – ontem mesmos assistimos "Divertida Mente"".

"Recentemente, Ed Catmull lançou um excelente livro chamado "Criatividade S.A. - superando as forças invisíveis que ficam no caminho da verdadeira inspiração", um relato de suas experiências no campo da gestão de sua empresa de sucesso. Uma das práticas mais simples e geniais adotadas na Pixar é o chamado "Banco de Cérebros", que funciona da seguinte forma: a cada dois ou três meses, um grupo de pessoas competentes em animação se reúne para avaliar filmes que a Pixar esteja produzindo. Nas palavras de Catmull, esse é o principal sistema para promover conversas diretas na organização. A premissa do Banco é simples: "junte pessoas inteligentes e apaixonadas, encarregue-as de identificar e solucionar problemas, e as encoraje a serem sinceras umas com as outras". Hoje em dia, o Banco de Cérebros dá o tom do que a Pixar realiza. As reuniões variam em tamanho e finalidade, dependendo daquilo que o Banco foi convidado a examinar - mas a sinceridade é o maior valor da comunicação, sem o que não haverá confiança entre as pessoas".

"Tão simples e tão poderoso...".

"Os Bancos de Cérebro da Pixar nasceram organicamente, quando um grupo de cinco talentosos profissionais de animação mostraram à companhia como deve ser um grupo de trabalho altamente funcional - nas palavras de Catmull, o quinteto era divertido, concentrado nos resultados, inteligente e formado por profissionais implacavelmente sinceros uns com os outros. Além disso, nunca se mostraram frustrados por questões estruturais ou pessoais que pudessem impedir a comunicação. A composição dos Bancos de Cérebros envolve diretores, escritores e chefes de história e o único requisito para fazer parte do grupo é contar histórias (ou seja, comunicar com honestidade). Para quebrar o gelo inicial que naturalmente se instala quando uma pessoa se vê cercada de "feras" em animação - o que poderia inibir suas contribuições -, a Pixar declara que todos os projetos dela no início eram uma "droga" e que certamente o resultado final será infinitamente melhor por conta das sugestões que forem dadas. A companhia gosta de afirmar que comunicando os resultados pretendidos no início dos trabalhos - e repetindo tal iniciativa várias vezes durante um projeto -, temos a chance de "errar logo", em vez de tentarmos inutilmente nos proteger da vida real e dos impactos que nossa ideia sofrerá. Quando a experimentação é vista como algo necessário e produtivo, as pessoas gostam do que fazem, mesmo que o trabalho as esteja confundindo".

"Ele tem toda a razão".

"Acho ótimo quando ele diz que ideias são muito importantes - mas as pessoas são muito mais (uma companhia não sobrevive sem as últimas e, em última análise, são as pessoas que têm as ideias). Também acho legal seu pensamento de que um sistema "livre de falhas" é contraproducente para um ambiente criativo.

Bom, uma vez que temos o valor que o processo deve gerar identificado e minimamente caracterizado (ou até mesmo antes disso, se quisermos saber qual deve ser o resultado do processo), devemos submetê-lo a um banco de quem pode nos ajudar a fazê-lo ocorrer mais rapidamente, e com a melhor qualidade possível. Há diversas formas de fazê-lo e gostaria de citar pelo menos duas que fazem parte do dia-a-dia da gestão de processos: a simulação e a emulação dos resultados.

Se considerarmos que simulação é uma forma de usarmos dados estimados relacionados ao nosso modelo para construirmos cenários, testá-los e promovermos ajustes quando necessários, podemos, por exemplo, simular o resultado final de nosso processo elaborando uma pesquisa na qual perguntamos aqueles perfis e pessoas escolhidos por nós o que eles achariam ao experimentar o resultado com as características de validade que descrevemos. Devemos sempre abrir espaços na simulação dos resultados para a sugestão de pontos de vista que não havíamos imaginado originalmente e muitas vezes que irão melhorar sensivelmente (e em um prazo bem curto) as entregas do processo e a consequente satisfação dos seus usuários. Como estamos falando de algo que ainda não existe no mundo real - é uma simulação -, devemos prover as informações necessárias para que as pessoas que interajam com o resultado pretendido possam visualizá-lo da forma mais clara possível e experimentarem sensações similares a que serão obtidas quando o produto ou serviço for entregue. Se enviarmos um questionário a nosso grupo de pessoas escolhidas e descrevermos o mais fielmente possível as características que imaginamos para o resultado - com a possibilidade de ajustá-las após o feedback recebido -, teremos um novo estado para o valor a ser gerado pelo processo, bem mais condizente com o que nosso público espera dele".

"Isso é a tal simulação, certo? E o que seria a emulação"?

"A emulação é um tipo de sofisticação da simulação, quando já temos condições de misturar dados reais e dados estimados. Um exemplo de emulação que usei há cerca de vinte anos foi a construção de um protótipo de um equipamento de TI que nossa empresa deveria mostrar em uma feira de empreendedores. Embora o funcionamento do produto naquele evento ainda fosse totalmente demonstrado por meio de modelos e cenários simulados que apresentávamos em nossos computadores, tínhamos construído seu gabinete conforme as especificações reais e finais quando da venda, de forma que os possíveis compradores pudessem verificar as dimensões, forma, cores, peso e até aspectos mais subjetivos como harmonia do conjunto antes mesmo das placas de circuito estarem instaladas. Da mesma forma que a simulação, uma emulação bem feita pode ser determinante para validarmos nosso modelo ou para percebermos ajustes que são necessários antes que seus efeitos indesejados se façam notar em nosso processo".

"Então o ciclo de gestão de processos que eu posso propor ao William seria composto de etapas de modelagem (quando tento representar a realidade), de simulação (aproximação estimada) e de emulação (quando misturo dados estimados e reais)"?

"E, claro, da etapa de encenação, ou seja, quando o modelo se torna realidade, com a implantação das soluções.

Queria agora falar um pouco de outro ciclo, o PDCA (Plan / Do / Check / Act), citado e usado por vários profissionais de processos. Trata-se de um modelo amplo que é geralmente citado no âmbito da gestão como um referencial de comportamento que pessoas e processos podem adotar em suas rotinas:

- estabelecendo um plano / modelo do que deve ser feito;
- começando a fazer o previsto;
- avaliando se os resultados que estão sendo obtidos estão em conformidade com o que foi idealizado;
- promovendo ajustes e evoluindo modelos e processos à medida que o tempo passa e o conhecimento torna-se maior.

Percebam que a adoção da lógica de modelar, simular e emular uma situação é totalmente compatível com o ciclo PDCA; o que fizemos, para ter maior segurança do alcance dos objetivos pretendidos, foi começar a co-criar a própria visão do resultado a ser alcançado e tentar minimizar surpresas desagradáveis. Assim, as etapas "D, C e A" do ciclo PDCA já foram aplicadas a partir do resultado detectado – não esperamos ter a cadeia de valor ou o mapa de processos completo para testar sua validade, o que nos economizou recursos e melhorou nossa compreensão do todo".

"Muito engenhoso; imagino que, posteriormente, podemos fazer o mesmo para cada bloco do processo que formos construindo".

"Exato! O procedimento que adotamos também é totalmente compatível com o que aprendemos de outras abordagens:

- no design thinking, são fundamentais a co-criação, a discussão de várias ideias para solução de uma situação e a construção de protótipos para permitir a visualização do resultado;

• no campo da linguagem, modelar a comunicação, estabelecer os parâmetros corretos , avaliar sua efetividade e promover os ajustes é um ótimo caminho para mantermos uma conexão do processo;

• na teoria de redes, identificarmos os elos das conexões, suas características e participações e modelarmos estratégias para o crescimento e a sobrevivência dos arranjos é prioritário;

• na economia comportamental, "cutucar" os integrantes do processo na direção correta é mais que adequado;

• em relação aos cisnes negros, buscar uma álgebra diferente baseada no comportamento das pessoas é uma bela alternativa a modelos inflexíveis construídos a partir de visões medianas".

"Ligaram da sala de reunião, dizendo que já podemos retomar os trabalhos".

"Ótimo! Vamos descer"?

1:00 PM, sala de reunião

"Acho que mencionei anteriormente que quando começamos a enxergar um processo a partir de seus resultados, há várias pessoas que denominam tal movimento de outside-in – ou seja, de fora para dentro, ou ainda do fim para o começo. Também mencionei que a ideia de processo está associada a uma transformação de algumas entradas em saídas que, esperamos nós, irão gerar valor para quem delas fizer uso. No entanto, há entradas de tipos diferentes em um processo".

"Sério"?

"Sim, e vamos ver isso agora mesmo. Lembram-se do nosso almoço? Vamos imaginar que para fazer o prato principal tivéssemos de dispor de um conjunto de elementos que seriam transformados na refeição".

"O que chamamos de ingredientes".

"Pois é – os ingredientes, no mundo dos processos, são denominados "insumos". Da mesma forma, para que tudo ocorra como planejado, é preciso seguir uma determinada receita, que trará as orientações de como a transformação dos insumos deve ser conduzida".

"Mas não chamamos esse tipo de entrada de receita, não é"?

"Não – chamamos de referência. No âmbito das referências se encontram as diretrizes, as estratégias, os planos, as normas e todo o tipo de conhecimento orientador.

Por fim, há um tipo de entradas representada por aqueles elementos que serão consumidos para fazermos nosso processo ocorrer – ou, em nosso exemplo, para fazer a refeição sair do papel".

"Deixa eu ver se entendi: nesse grupo estariam os utensílios de cozinha (facas, garfos, etc), o fogão, a geladeira e o ambiente físico da cozinha"?

"Isso, e também o próprio cozinheiro (sua competência, seu conhecimento e o tempo em que ele participou do processo)".

"Então, um processo é uma transformação (ou uma sequência delas) que gera resultados a partir de insumos que são modificados segundo referências e que consomem... qual o nome desse último grupo"?

"Recursos de infra-estruturas".

"Tal ideia parece muito mais adaptada à realidade que um simples fluxo de "caixinhas" (atividades), mas não é a regra geral usada por modeladores de processo".

"Pois é, e é por isso que acho que sua proposta ao William tem de ser revolucionária também nesse aspecto. Talvez pareça mais simples representar apenas uma sequência de atividades, mas isso não quer dizer que a realidade está sendo vista da forma mais fiel ou mesmo que os resultados virão mais facilmente – na verdade, eu creio justamente no contrário.

Falando um pouco mais dos papéis assumidos pelos valores em um processo, notem que sua classificação é local – dito de outra forma, um valor pode ser o resultado final de uma pessoa que participa do processo ao mesmo tempo em que é insumo para outra transformação, recurso de infra-estrutura para um outro trecho e ainda uma referência para outra parte do processo. Isso não deve ser estranho para nós, pois a noção de cadeia de valor leva justamente a isso - um compartilhamento de resultados que assumem um "algo mais" quando sincronizados. A diferenciação que fizemos tem um valor bastante alto em nossos modelos: observe que, além do comportamento dos componentes ser bem diferente de acordo com os papéis que assumem, nossas decisões também serão influenciadas pela forma como modelamos nosso processo. Imagine, por exemplo, um livro de receitas de uma refeição sendo usado como referência. Podemos ter um único livro para fazer dez pratos distintos – mas se não fizéssemos tal distinção em relação aos insumos (por exemplo, um pacote de algas para cada prato que formos servir), tenderíamos a imaginar que seriam necessários dez exemplares para chegar no resultado desejado. Os custos seriam bem maiores".

"Mas isso ocorre na vida real"?

"Sim, já participei de trabalhos em que referências eram contabilizadas a mais na simulação dos custos pelo simples fato do software de gestão de processos usado não permitir a diferenciação entre insumos e referências. Assim, o relatório que era impresso tinha de ser corrigido antes de ser utilizado pelas equipes".

"Preocupante...".

"Você já deve ter percebido que no fundo estamos falando de cadeias de valor. Cada um dos elementos que mencionamos até agora é um valor e sua sincronia para produzir outros valores (os resultados de um processo) dá origem às mencionadas cadeias. Assim, o fato é que cada um dos valores, isoladamente, apresenta características de validade próprias. Isto se dá porque, para cada pessoa pertencente ao processo que produz um resultado, ele representa o valor final. Ficou nebuloso"?

"Acho que não – veja se compreendi: digamos que eu seja o cozinheiro responsável pelo resultado final de um processo de "preparar uma refeição". Estabeleço as características que o prato que irei servir deverá apresentar e, ao mesmo tempo, preciso identificar os ingredientes, a receita e as infra-estruturas necessárias. Só que, para cada pessoa responsável por essas entradas, elas são seus próprios valores finais. Exemplificando: o escritor do livro de receitas que irei usar como uma referência considera sua obra como um valor final. Por isso você disse que a questão de atribuir papéis era uma questão local, dependendo do observador do processo. Além disso, da mesma forma que eu estabeleci várias características para o prato que prepararei, o autor do livro também associou características ao seu livro de receitas (por exemplo: disponível em versão eletrônica e em papel; preço máximo de venda igual a R$ 30,00; atualização imediata de versões quando da inclusão de novas informações). É isso"?

"Fantástico!!! É isso mesmo. Então, se formos falar de um método de gestão de processos a ser proposto ao William, creio que podemos começar com alguns pontos que já vimos:

- devemos identificar e caracterizar os valores finais que cada pessoa do processo produz (preferencialmente, em ações de co-criação com outros agentes envolvidos);

• em seguida, devemos simular e emular tais valores (em especial os valores finais do processo), para verificarmos se a chance de sua ocorrência é grande ou se devemos promover ajustes;

• se quisermos descrever as cadeias de valor (ou os mapas do processo), devemos identificar quais os insumos, referências e recursos de infra-estrutura são necessários para gerar o resultado final, além da transformação que irá sincronizá-los. Ao fazermos isso, estaremos, com certeza, trazendo um grupo de elementos que possui características próprias, reunidas pelos responsáveis por sua geração".

"E como fazemos para sincronizar os mapas? – , uma vez que eu imagino que nem sempre as características que o responsável pelo resultado final deseja que uma entrada apresente são aquelas que foram inicialmente especificadas...".

"Esta é uma grande diferença entre os métodos tradicionais de modelar processos e o que estamos discutindo aqui. Abordagens clássicas, além de se preocuparem com fluxos de atividades e iniciarem os modelos pelas entradas (e não pelo resultado final), não fazem distinção dos papéis dos valores nem se preocupam as possíveis diferenças que você apontou. Assim, você pode olhar para um mapa que pareça gerar uma entrega que nunca ocorrerá, pois o entendimento da qualidade dos seus componentes não foi uniformizado.

No método que defendemos, as ligações entre os componentes do processo (valor gerado, insumos, referências, infra-estruturas e transformações) somente ocorre quando há uma verificação da compatibilidade das características. Por exemplo, digamos que o cozinheiro de nossa pequena história precise de castanhas de caju orgânicas para fazer seu trabalho e o candidato a insumo que foi identificado no processo não possui tal qualificação. O que poderia ser feito"?

"Hum... há varias possibilidades...".

"Exato! Uma primeira possibilidade é o fabricante / distribuidor da castanha verificar a necessidade do cozinheiro e se dispor a entregar uma variedade orgânica do produto. Neste caso, a característica do insumo foi alterada e tudo ocorreu como o desejado. Uma alternativa seria o próprio cozinheiro alterar seu requisito e, de maneira análoga, ser estabelecida uma conexão. Uma terceira possibilidade seriam os dois alterarem seus requisitos, chegando em um "meio-termo" que atenderia às exigências do processo. Uma variação desta alternativa seria representar um desvio no mapa de processos, mostrando que durante um certo tempo seria aceita uma determinada qualidade mas que, gradativamente, outro tipo de requisito seria exigido. A última possibilidade seria a que todos gostaríamos de ver representada desde o início – ou seja, não ter havido discrepância inicial e as conexões serem imediatamente feitas".

"É um movimento permanente de comunicação entre as pessoas".

"Talvez este seja o maior ganho de uma abordagem como essa…".

2:00 PM, sala de reunião

"Paiva, estou ficando um pouco aflito: será que conseguiremos fechar a proposta a tempo"?

"Sem dúvida. Minha ideia é irmos, no máximo, até as 16h, para que você e a Vivian possam discutir os aspectos formais e de conteúdo do relatório e da apresentação. Afinal, você tem de estar seguro do que irá defender junto ao William, mas se bem entendo a cabeça dos executivos ele está mais interessado nas grandes linhas e nos principais benefícios que uma abordagem moderna de processos irá proporcionar. E se bem conheço a cabecinha iluminada da Vivian, ela está bolando uma forma imbatível de repassar essas ideias, com forte apelo visual e multimídia. Estou certo, Vivi"?

"Como sempre, Paiva, como sempre…".

"O que sincroniza uma cadeia de valor (ou um mapa de processos) são as transformações existentes – as elipses de nossa notação VBPMN. É por meio das transformações que os valores se comunicam, e se os valores apresentam características de qualidade, as tranformações costumam ser compostas de, no mínimo, três parâmetros descritivos:

- os critérios de aceite – ou seja, é nesse campo que o responsável por entregar um valor final dirá quais as características que ele necessita perceber nas entradas que lhe forem apresentadas;
- as condições que podem ocorrer quando da execução do processo e que tipo de ações serão realizadas – gerando planos para evitar que variações no processo possam prejudicá-lo;
- as atividades associadas àquela transformação – vejam que interessante, se as atividades eram o núcleo principal da gestão de processos tradicional, aqui elas também tem vez (mas somente após discutirmos outros aspectos relacionados à geração dos resultados pretendidos).

Elencar um conjunto de condições e ações faz parte do conhecimento que vamos adquirindo à medida que nos tornamos mais envolvidos com nossos processos. É uma prática permanente estarmos atualizando nossa lista de condições e ações e nem sempre conseguiremos prever de antemão todas as possibilidades que podem ocorrer - muitas vezes, o próprio custo de alguma medida pode ser superior à possibilidade de sua ocorrência, e talvez resolvamos assumir o risco associado àquela situação. O importante, no entanto, é estarmos bastante conscientes do contexto que envolve nosso processo e comunicarmos tais possibilidades àqueles que nos podem ajudar a manter o foco nos resultados.

Costumo contar uma história que aconteceu comigo quando um dos trinta consultores de processos com quem eu trabalhava derrubou uma xícara de café em minha camisa branca. Eu não tinha a mínima ideia do que fazer - mas a moça que servia cafezinho na unidade rapidamente deu-me o serviço completo:

• condição 1: camisa manchada por café => ação 1: retirar a camisa e usar uma blusa do programa de qualidade da unidade (armazenada no armário central do ambiente), acabando com o problema de estar sem camisa e, ao mesmo tempo, promovendo as ações do escritório; => ação 2: esfregar gelo na mancha, o que a fará desaparecer;

• condição 2: camisa molhada => ação 3: dispor a camisa em frente ao secador de ar quente existente nos banheiros da unidade.

Na realidade, tais condições e ações não estavam descritas em nossos procedimentos, mas uma vez que tomamos conhecimento delas, deveríamos tê-las incorporado às nossas rotinas, certo? Nenhum consultor de processo tinha solução mais completa e de qualidade que a moça do cafezinho...".

"Daí a importância de reconhecermos todos que fazem parte de um processo".

"É um trabalho intenso, de fato – e na prática costumamos chamar reuniões presenciais ou convocar pessoas que podem interagir no processo por algum meio eletrônico e, logo em um primeiro momento, comunicamos uma versão inicial do resultado que o processo deve gerar. Isso nos faz dar conhecimento do que pretendemos e ao mesmo tempo permite-nos incluir outros pontos de vista que não tínhamos percebido originalmente. Ainda em processo de co-criação, identificamos quem pode nos ajudar a chegar ao resultado e discutimos os níveis de qualidade que são necessários – mesmo tipo de comportamento para quando precisamos estabelecer condições e ações a serem tomadas e quando queremos identificar as atividades envolvidas no processo.

Apesar da intensidade ser compatível com aquela que observávamos nos métodos de gestão de processo mais tradicionais -, estamos envolvendo e comprometendo mais pessoas em nosso esforço, estamos discutindo mais profundamente a qualidade que queremos obter e, principalmente, estamos partindo e atuando desde o início dos valores a serem gerados. Isto, por si só, já representa uma brutal diferença para o que costumávamos fazer".

"Sem sombra de dúvida. Bom, até agora vimos como iniciar a discussão de um processo pelos seus resultados, depois identificamos insumos, referências e infra-estruturas e os sincronizamos por meio de uma transformação. Mesmo já sendo um grande avanço para gerenciarmos o processo, Paiva, vejo que ao procedermos assim temos uma visão geral e bastante agrupada do que estamos observando – mas, na maioria dos casos, desejamos compreender melhor o que cada um realiza na história, ainda que desejemos enxergar algo parecido com uma cadeia de valor. Como faríamos isso na abordagem que estamos discutindo"?

"Boa pergunta, Alex. Paramos justamente após construirmos uma primeira célula de processo, uma visão integrada de uma cadeia de valor, na qual insumos eram transformados em valor, segundo regras presentes em referências e consumindo um conjunto de infra-estruturas. Você bem percebeu que um benefício claro do que fizemos é o fato de iniciarmos o desenho do processo a partir dos resultados, permitindo que os gestores tenham uma ideia clara, desde o princípio, daquilo que deve ser gerado e de suas características de qualidade e validade. Assim, a tomada de decisão começa a ser exercitada no começo dos projetos de melhoria de processos, mesmo que nosso modelo contenha apenas os valores finais que o processo deve entregar. Um segundo benefício óbvio do método que estamos mostrando é o fato de termos um conjunto de informações disponível para nossas decisões bem mais amplo que as sequências de atividades.

Uma questão que sempre me incomodou quando eu atuava como consultor de processos era a crítica recorrente das pessoas que trabalhavam nas unidades responsáveis pelos processos em estudo, queixando-se de ficarem muito tempo disponíveis para falar do assunto, para diversos interlocutores (áreas de processos, TI, RH, por exemplo). Não seria mais fácil tudo ser dito de uma vez só? Além disso, por que as áreas que tinham o conhecimento necessário não podiam elas mesmas modelarem seus processos de acordo com seus ritmos?

Deixando de lado minhas divagações, para expandir as cadeias de valor (seja porque a visão que dispomos parece ainda muito concentrada - como se todo o processo ocorresse em um único momento, usando todos os insumos, referências e infra-estruturas ao mesmo tempo -, seja porque gostaríamos de conhecer um pouco mais como as entradas de nosso modelo são produzidas), devemos fazer um de dois possíveis movimentos: desmembrar um processo que está concentrado ou expandir as fronteiras de nossos modelos.

Desmembrar um processo concentrado se dá quando tomamos uma transformação agregadora (como, por exemplo, "preparar uma refeição") e a partimos em outras que estavam nela contidas – por exemplo, "preparar o molho", "hidratar a massa" e "montar o prato para servir". Uma boa dica para sabermos quais as novas transformações que aparecerão no mapa de processos revisto é a lista de atividades que estavam descritas na transformação original. Ao desmembrarmos um processo concentrado, melhoramos a acuidade de nossa gestão pois podemos saber exatamente em que parte do processo um determinado componente é usado, aprimorando nossa tomada de decisão (não teremos mais o risco de pensar que o garçom, o cozinheiro e o ajudante de cozinha participam da mesma transformação durante todo o processo).

Quando, no entanto, olhamos as entradas em nosso mapa de processos que são fronteiras do modelo (ou seja, que não foram representadas como resultado de alguma transformação), podemos também querer conhecer seu processo de produção e, assim, expandirmos nossa cadeia de valor pelo simples fato de "dar um passo atrás". Nesse caso, também estaremos aprimorando o desenho de nosso processo, mas por um desejo de expansão dos limites que anteriormente representamos".

"Entendi. E qual dos métodos deve ser usado por nós"?

"Ambos – depende do seu interesse momentâneo de conhecer mais profundamente aspectos do processo em estudo. Costumo dizer que não há, a princípio, uma representação equivocada de um processo, mas que ela reflete o conhecimento que temos do assunto naquele momento. Combinando os dois movimentos – de desmembramento e de expansão de fronteiras – com outras técnicas que mencionamos aqui (trabalho em paralelo, descrição das características dos componentes), teremos uma modelagem ocorrendo de forma muito mais participativa, rápida e em conformidade com a realidade".

"E até que ponto devemos chegar"?

"Até aquele que você julgar conveniente, naquele instante. Diferente do que fazíamos anteriormente, tentando determinar a princípio quais os níveis adequados de modelagem, creio que o mais eficaz a ser feito é deixarmos gestores e equipes de processos decidirem a questão.

Assim, é possível que o processo em que eu trabalho esteja detalhado em um nível maior que aquele em que você toma parte, se isso for o mais adequado para nossas equipes.

Se em um primeiro momento tivermos apenas o valor final de nosso processo bem caracterizado, ótimo! - mesmo que ainda não dominemos o processo de sua geração, poderemos exigir que nos entreguem aquilo que queremos. Em casos extremos, uma boa especificação do resultado pode nos levar a comprar o serviço correspondente ou a alugar o produto que entrega aquele valor, até que tenhamos a condição de produzi-lo, se for nosso desejo.

Um outro ponto fundamental da abordagem de processos é a possibilidade de um mesmo valor ser atingido por diferentes formas dele ser produzido. Por exemplo, se nosso valor final for chegar em uma determinada localidade distante 200 Km de onde nos encontramos, em um tempo máximo de 24 horas , desembolsando um valor de até R$ 2.000,00, podemos concluir que as alternativas de viagem de carro, de ônibus, de trem e de avião cumprem nossos requisitos. Então, a princípio, podemos escolher qualquer um deles que estaremos satisfeitos. Entretanto, se tal conhecimento de alternativas fizer que nossas necessidades mudem (por exemplo, diminuindo o valor máximo que aceitamos pagar ou querendo chegar no destino em um tempo menor), devemos promover as consequentes alterações no processo modelado".

"Muito bom. E como fica o ciclo de simulação e emulação antes da entrada no ar do processo"?

"Você deve se recordar que mencionamos que, da mesma forma que não precisamos ter uma extensa cadeia de valor (ou um extenso mapa de processos) para começarmos a melhorar nossa situação e a tomar decisões, também a minimização de riscos de surpresas inesperadas quando da implementação do processo via simulação e emulação pode ocorrer desde o momento que tenhamos somente o valor final de nosso processo identificado e caracterizado. Por exemplo, poderíamos disparar uma pesquisa aos potenciais clientes do processo, simulando o que seria o seu funcionamento, para vermos se o resultado estaria de acordo com o esperado ou se teríamos de fazer alguns ajustes . Da mesma forma , poderíamos montar um laboratório emulando para algumas pessoas escolhidas como se daria a navegação das interfaces do processo, ainda que não os tivéssemos realmente instalados na plataforma de produção, o que de novo nos faria validar ou ajustar o previsto. Quando tivermos algo mais que apenas os valores - ou seja, quando tivermos uma ou mais células-base de um processo, com os valores e as transformações conectadas -, podemos incluir parâmetros estatísticos em nossos modelos e começar a avaliar se os resultados se aproximam do previsto. Podemos, ainda, construir interfaces do processo com o usuário, emulando comportamentos que poderão ocorrer na 'vida real'".

"Show de bola"!

3:00 PM, sala de reunião

"Alex, como sei que o William conhece o guia CBOK, que tal fazermos uma comparação com o que os profissionais que trabalham na área costumam executar, para ver se estaríamos contrariando as orientações do guia ao procedermos como o que foi sugerido em nossa conversa"?

"Boa, gostei".

"Recorrendo à versão 3.0, em português, do Guia CBOK de gerenciamento de processos, vemos que em seu capítulo 2, é dito que "processos de negócios devem ser gerenciados em um ciclo contínuo para manter sua integridade e permitir a transformação". É apresentado um ciclo de vida BPM típico para processos com comportamento previsível (pré-modelados), composto de fases de Planejamento, Análise, Desenho, Implementação, Monitoramento e controle e Refinamento, que se sucedem em um movimento contínuo. A maioria dos profissionais que trabalha com processos e dos projetos que tenho conhecimento, em se tratando de processos, tende a usar algo muito semelhante ao ciclo descrito e costuma considerar qualquer tentativa diferente disso como sendo contrária às boas práticas contidas no CBOK.

No entanto, preste atenção na afirmação contida no guia e que acabamos de repetir: tal arranjo funciona tipicamente para "processos com comportamento previsível (pré- modelados)" - mas você deve ter percebido que a grande maioria dos processos que mencionamos neste treinamento e também aqueles que você costuma enfrentar no dia-a-dia possuem comportamentos bem distantes de previsíveis".

"Sim, são sistemas complexos, compostos de seres humanos e com características que variam a todo momento".

"O próprio CBOK afirma, ainda no capítulo 2, que a premissa do guia "é não ser prescritivo e, portanto, a prescrição de um ciclo de vida de processos está fora de seu propósito" – isto, por si só, já daria liberdade de escolha do melhor ciclo metodológico para uma equipe interessada em trabalhar com processos. Vamos ainda um pouco mais longe em nossa leitura do CBOK: no Capítulo 5, Seção "Desenho de Serviços", é afirmado que quando tratamos de serviços entregues por um processo a clientes, sua participação é determinante na análise, no desenho e na implementação de processos que os atendam. Além disso, diz-se textualmente que tal tipo de processos possui características tais como a Intangibilidade (experimenta-se um resultado que não pode ser tocado ou guardado fisicamente), a Heterogeneidade (processos variam, não havendo consistência de suas entradas e saídas na execução), a Inseparabilidade (o cliente deve ser envolvido na entrega do serviço) e a Perecibilidade (serviços não podem ser armazenados, estocados, re-usados e recuperados). Segundo o CBOK, "serviço não transforma matérias-primas em produtos, então processo para serviços não é uma versão adaptada de processo para manufatura". Esta afirmação é bem forte e é a que eu gostaria de ter à disposição quando tive discussões acaloradas dentro de nossa organização, tentando demonstrar que tínhamos de evoluir o conceito de processos, não reaproveitando a visão centrada em atividades que dominava (e ainda domina) as discussões. O CBOK continua dizendo que "processo para serviços é inerentemente centrado em pessoas e normalmente envolve o cliente trabalhando junto com o provedor para criar valor" e que "em muitos casos, um processo para serviços é um tipo de processo complexo, um processo no qual as partes interagem de maneira não linear. Como tal, o processo para serviços não é apenas a somatória das partes, mas através de interações complexas, as partes criam um processo cujo comportamento é algumas vezes difícil de predizer e modelar. Em muitos casos, uma fonte principal de complexidade em um processo para serviços são as pessoas: como clientes, como provedoras ou outra parte interessada." Interessante, não? Por fim, no Capítulo 7, as ideias que estamos defendendo nesta conversa estão representadas, mostrando que o CBOK já reconhece práticas e métodos como orientação ao valor, modelagem outside-in (do fim para o começo), notação VBPMN e ciclos de gestão voltados para a minimização de riscos de implementação de melhorias".

"Em outras palavras, posso ficar bastante tranquilo: além de estar racionalizando recursos e usando técnicas avançadas de gestão de processos, procedendo conforme nossa abordagem também estaremos em conformidade com o 'Guia para o Gerenciamento de Processos de Negócio - Corpo Comum de Conhecimento - ABPMP BPM CBOK V3.0'".

"Isso mesmo. Agora um conselho: os benefícios de uma abordagem como a que estamos propondo são tantos e tão sedutores que, paradoxalmente, podemos ser vítimas deles... Cada pessoa e cada organização apresentam características únicas e sua interação gera aquilo que costumamos chamar de cultura. O nível de maturidade das equipes e o histórico anterior de sucesso ou insucesso em situações semelhantes podem ser um facilitador ou um obstáculo para sua tentativa de tentar implantar algo diferente, por isso é fundamental que você trate com carinho a questão da gestão da mudança. Há muito tempo, quando coordenava esta unidade, pensei que a equipe de consultores sentisse os mesmos problemas que os gestores, certo? Errado. O gerente da unidade de processos podia imaginar a quantidade de demandas em fila como um problema, assim como o tempo excessivo que era consumido nos projetos, mas a equipe técnica poderia ter uma outra visão. De fato, os consultores continuavam a ser reconhecidos por sua entrega ao trabalho e pelo conhecimento técnico que incorporavam aos projetos, e o fato de existirem demandas em fila significava que não faltaria trabalho tão cedo! Meu principal equívoco naquele instante foi não colocar-me integralmente no lugar da minha equipe. Quando o volume de novidades simultâneas foi tão grande que dificultava o seu entendimento de uma única vez, a reação inicial do grupo foi segurar-se no método anterior, que todos já conheciam bem e aplicavam há bastante tempo. O fato de querer alterar o perfil dos consultores, de algo mais operacional (quando modelavam os processos das unidades clientes) para um papel mais estratégico (de instrutor, prospector de inovações e guardião de padrões) trazia impactos para parte da equipe que eu, à época, não percebi; vários de nossos colaboradores necessitavam um certo tempo para absorverem novas competências - e algumas pessoas talvez não quisessem passar por aquela mudança! Por fim, quando adquirimos uma solução corporativa para nossa empresa, dávamos aos usuários das unidades clientes a possibilidade de melhorarem e gerenciarem seus processos de forma autônoma, sem a necessidade de recorrerem aos consultores internos de processos disponíveis em nossa unidade.

"Puxa, então na visão do gerente, as novidades metodológicas deviam ser experimentadas no total e simultaneamente, uma vez que a equipe técnica era composta de consultores de sólido conhecimento e de grande experiência prática. A mudança de perfil dos consultores, para um papel menos operacional e mais estratégico, permitiria um salto de qualidade e das compotências organizacionais e individuais, tornando a unidade mais reconhecida pela organização e os consultores, mais valorizados. E a introdução de uma ferramenta corporativa eliminaria os gargalos decorrentes de demandas por modelagem de processos, liberando os consultores para prospectar o estado da arte de gestão de processos, compartilharem seus conhecimentos com as unidades organizacionais, capacitar os demais empregados e zelar pelos padrões definidos".

"Perfeito, só que na visão da equipe, as novidades metodológicas eram muitas e requeridas ao mesmo tempo, o que dava insegurança de "mexer em um time que estava ganhando" e apresentava o risco de fragilizar os consultores que estivessem atuando junto a equipes de especialistas negociais. A alteração de perfil requerida parecia sinalizar o fim de uma era, uma violação dos princípios que o escritório de processos e projetos havia determinado e seguido desde o início de sua existência, e várias pessoas encaravam tais mudanças como um indicador inequívoco que o gerente combinara a extinção do escritório com seus superiores. Em relação à ferramenta corporativa, os consultores sentiam que abrir mão de um ativo que era exclusivo deles (assim como o método de modelar processos, que agora seria ensinado pelo escritório a toda a organização), demonstrava outro sinal de que os dias daquela unidade de processos estavam contados. Apesar de saber que nossos objetivos eram os mais nobres possíveis, dá para entender a leitura que parte da equipe fazia, não"?

"Com certeza – não cometerei o mesmo equívoco. Acho que mesmo sabendo que há benefícios inequívocos associados aos métodos, proporei uma estratégia que leve em conta a situação atual da gestão de processos na unidade / organização, os métodos e ferramentas que estão em uso, resultados que têm sido obtido, a imagem do assunto "processos" junto às pessoas, se há resistência a mudanças e se há espaço para uma mudança em bloco (ou se é melhor identificarmos os problemas mais críticos e começarmos a fazer as mudanças incrementais justamente por eles)".

"Sua chance de dar certo será muito grande, ainda mais se você deixar as próprias pessoas "descobrirem" os próximos passos que devem ser dados.

Bom, agora eu quero mostrar a você, Alex – e a você também, Vivi –, um mapa de processos real que modelei há alguns anos aqui em nossa firma. Veja a quantidade de elementos e como ele se parece uma grande teia viva de conexões".

"Impressionante – parece impossível de gerirmos algo tão complexo".

"Quanto mais começamos a incluir componentes em nosso modelo de processo, mais ganhamos em fidelidade à realidade, mas começamos a enfrentar algumas outras dificuldades, sendo a primeira delas a visualização de questões específicas perdidas no processo global. Para minimizarmos tal efeito, usamos um algoritmo presente na ferramenta que adotamos – o software PArchitect –, chamado 'slice and trace' e que foi desenvolvido sob a coordenação do pesquisador brasileiro Fuad Gattaz Sobrinho. O que o algoritmo realiza, na prática, é identificar rastros e efeitos (ou impactos) dos valores existentes em um processo".

"Podemos definir a ideia de rastros e impactos"?

"Sim. Quando nos referimos a rastros, a ideia é que ao partirmos de um valor escolhido em nosso modelo possamos identificar o processo necessário para a geração daquele componente específico. Já os efeitos ou impactos que o mesmo componente gera em nosso processo é o subprocesso que existirá uma vez que o valor em estudo ocorra".

"Por isso falamos em fatiar o processo".

"Correto, e ao fazermos isso o software guarda o processo original e cria mapas reduzidos do pedaço que queremos observar mais detidamente, sem que precisemos de fato modelar novamente o processo. Além disso, é possível mexermos nas propriedades dos componentes e mesmo simular e emular os subprocessos".

"Muito bom"!

"Quando eu comecei a trabalhar com processos, as orientações que recebi eram totalmente contrárias. Devíamos partir sempre dos macroprocessos, ou seja, dos negócios fundamentais da organização, e a partir de tal nível mais alto irmos fracionando etapas e atividades em níveis menores, de forma que chegássemos ao ponto desejado. Aqui, de certa forma, estamos partindo do que costumo chamar de "microprocessos", dos valores, vistos como contribuições das pessoas que participam do modelo, e a partir dessas cadeias de valor de nível mais detalhado reconstruímos qualquer combinação de valores nelas existentes ao escolhermos fatiar o processo original e localizarmos rastros e efeitos. Quanto mais complexa a situação, maior será o benefício de contarmos com um algoritmo assim.

Vamos falar de mais um item interessante que é o trabalho em paralelo. Imagine como você responderia à seguinte pergunta do William, lá pelo meio de sua explanação: 'o método que você sugere é, de fato, bem melhor e mais completo que o tradicional - só que, ao mesmo tempo, uma de nossas maiores fraquezas nos projetos que conduzimos diz respeito ao tempo excessivo que levamos para dar resultados e para concluirmos as iniciativas. Como é que poderemos enfrentar tal desafio se estamos agora propondo um tipo de representação de processos que contém mais elementos que o anterior (os valores que incluímos em nossos diagramas), papéis diferenciados que antes não eram registrados (insumos, referências, infraestruturas e valores gerados) e um conjunto de regras de negócios e requisitos que não costumávamos descrever'"?.

"Posso pedir uma ajudinha"?

"Claro. A resposta que eu daria seria a seguinte: para diminuir os riscos apontados e para gerar a velocidade necessária ao alcance de resultados, nossa unidade deve sair do papel executor de modelar processos para assumir um caráter educador, capacitando cada pessoa do processo para que possa ela mesma descrever suas contribuições ao processo, fazer as respectivas conexões e tomar as melhores decisões.

Se cada elemento do processo requer um maior tempo de reflexão e um conjunto maior de informações associadas, uma boa saída para compensar o tempo necessário é envolver um maior número de pessoas na modelagem. Se cada pessoa tiver o modelador de processos instalado em seu computador, todos podem ser ouvidos. Em paralelo, ou seja, ao mesmo tempo, teremos as partes do nosso processo sendo modeladas por quem mais as conhece – depois é só promover as reuniões de harmonização. O comprometimento também passa a ser muito maior!

Um outro benefício que enxergo é aquele quando pessoas diferentes identificam formas alternativas de alcançar o mesmo resultado. Podemos ter uma transformação representando a situação ideal e outra representando o que ocorreria, alternativamente, se tivéssemos uma queda de energia e tivéssemos de operar apenas com o gerador do prédio, realizando somente as operações prioritárias do processo (e tendo impactos também no tempo necessário para tanto). Quando fazemos discussões desse tipo, tendemos a tornar nosso processo mais robusto e imune a falhas podendo, inclusive, reconhecer colaboradores do modelo que hoje parecem não ter tanto valor".

"Isso ocorre muitas vezes na vida real...".

"E como! Uma vez, passamos a manhã toda preparando o link para uma apresentação de um palestrante canadense para cerca de 300 executivos de nossa empresa e o sinal de vídeo caiu dez minutos antes do evento – tivemos de rodar o processo totalmente por um caminho alternativo, para chegarmos ao mesmo resultado. Se tivéssemos tais caminhos previstos com antecedência, o estresse tenderia a ser menor".

4:00 PM, sala de reunião

"Falta apenas uma hora para o início da reunião – por isso, vou falar o que ainda tenho a dizer em apenas vinte minutos, para que possamos "emular" a apresentação a ser feita".

"Boa, já estamos usando o método…".

"Para induzirmos a construção de um bom modelo de processos, acho que a forma mais interessante que conheço é a seguinte: em primeiro lugar, capacite as pessoas que fazem parte do processo nos conceitos, ou seja, demonstre que um processo é algo mais amplo que a mera representação de fluxos de atividades, que os resultados finais a serem alcançados são uma responsabilidade de todos e que as contribuições individuais devem facilitar o alcance de tais resultados. No mesmo movimento, apresente os conceitos associados a processos, as técnicas correspondentes e deixe ferramentas e instrumentos para a modelagem e gestão dos processos nas mãos das equipes.

Explique bem os papéis que cada um irá representar, com você (e seus colaboradores da unidade de processos) sendo facilitadores da iniciativa. Para fazer tal capacitação, sugiro que haja dois tipos de conteúdos e eventos de treinamento, um deles presencial e o outro, a distância. Prepare aulas digitais e desenvolva seções de perguntas e respostas mais frequentes, comunidades de compartilhamento e centrais de atendimento a dúvidas em seu site, para que as pessoas possam ir gradativamente se familiarizando com as orientações que você estará repassando, de maneira que todos possam ter uma base a ser consultada e um "porto seguro" ao qual recorrer toda vez que sentirem a necessidade. Como já disse, deixe licenças de software de processo nas mãos de cada um, para que os modelos sejam construídas em paralelo . Com isso, você deverá ter, em um primeiro momento, vários valores individuais sendo representados e o próximo passo a ser dado trata-se de uni-los na forma de mapas de processos ou cadeias de valor. Uma vez que você já foi apresentado à técnica de como isso é feito - compatibilização das expectativas e posterior estabelecimento das conexões -, a dica aqui é identificar qual a forma mas fácil de promover as conversas entre os membros do processo. No fundo, trata-se disso mesmo: estabelecer encontros – presenciais e / ou virtuais – nos quais as pessoas possam falar do que seu trabalho gera e de como ele deve ser feito para se integrar ao modelo geral. Quando falo em identificar a forma mais fácil para promover tais encontros, refiro-me à cultura instalada naquele processo e que irá fazer com que as nossas ações façam sentido para os participantes da iniciativa. Por exemplo, nos projetos que coordenei de melhoria de processos orientada a resultados, apesar de estarmos falando de questões que ultrapassavam as fronteiras das unidades de trabalho, a estrutura organizacional sempre exercia um peso muito grande no todo. Então, era natural que a reconhecêssemos e a respeitássemos, usando-a a nosso favor na hora de gerar os processos".

"Como assim"?

"Pegávamos inicialmente os valores do responsável por uma unidade e ele identificava quais as entradas que ele necessitava em sua equipe de subordinados de primeiro nível. As reuniões de ajustes aconteciam e, em seguida, repetíamos o processo com tais empregados ligados diretamente ao responsável (ou seja, agora eles deveriam procurar entradas necessárias ao seu resultado dentre os seus subordinados). Em poucos passos modelávamos processos bem complexos.

Repare que após algumas reuniões como essas, se os conceitos começarem a ser compreendidos e aplicados e, principalmente, se as pessoas começarem a enxergar valor em gerir os processos de tal maneira para melhorar o ambiente de trabalho e obter resultados efetivos no seu dia-a-dia, teremos implantado uma cultura de gestão de processos que pode se mostrar sustentável e permanente. De certa forma, o jogo já estará ganho"!

"Existe uma frequência ideal para atualizarmos nossos mapas de processo"?

"Depende de suas necessidades. Por se tratar de um processo contínuo, quanto mais as pessoas começarem a trabalhar em conjunto e perceberem a importância de tais movimentos para o bom andamento dos trabalhos, pode ser que elas se auto-arranjem e mantenham os modelos de processo atualizados permanentemente. Elas certamente visualizarão que alterações na qualidade do trabalho de uma delas poderá ter impacto nos resultados dos demais e que, assim, é necessário discutir as alterações desejadas e suas consequências antes de adotá-las, garantindo um espírito de grupo e colaborativo nos processos de trabalho. Minha dica prática é que, nas fases iniciais de implantação da abordagem de processos voltada a resultados, pelo menos uma vez por semana as equipes estejam reunidas para discutir, validar e atualizar seus modelos de processo. Várias unidades em que trabalhei já possuem encontros com tal periodicidade para tratar de questões relevantes ao seu universo (geralmente, tais fóruns acontecem às sextas-feiras à tarde, como reuniões de conselho de professores). Passe a incluir a gestão de processos na pauta dos encontros e, muito rapidamente, o assunto irá se tornar viral".

"Acabamos"?

"Ainda não, está quase. Queria apenas mencionar um pouco mais detidamente a minimização de riscos e fazer um breve comparativo que, imagino, você usará para fechar a questão com o William.

Na verdade, acho que é melhor voltar àquela história do projeto em que estive envolvido e que tenho razoavelmente documentado comigo. Passo agora o material para a Vivian e acredito que se você der este exemplo ao William, ele compreenderá perfeitamente o ciclo modelagem / simulação / emulação / encenação".

"Sou todo ouvidos...".

"Lembra que eu executei um projeto de engenharia que precisava desenvolver e construir um equipamento de microinformática que conectaria até quatro computadores a uma impressora, para compartilhamento de arquivos"?

"Puxa, você é velho, hein, Paiva"?

"(Risos)... é verdade. A modelagem do equipamento era feita em um aplicativo próprio de desenho e especificação de circuitos elétricos, no qual o "processo" ia ficando pronto. Na simulação, usávamos outro software complementar ao primeiro, incluindo as equações e os comportamentos esperados dos componentes do circuito. Rodando alguns cenários possíveis de ocorrer quando da construção do equipamento, víamos as (várias) falhas de projetos que existiam e as corrigíamos, sem que qualquer transtorno ou custo maior tivesse ocorrido. Em seguida, emulávamos o equipamento, incluindo dados da realidade em nosso modelo que fora simulado. Para isso, construímos uma placa de circuito elétrico preliminar à de circuito integrado, fazendo e refazendo várias conexões antes de termos a certeza dos melhores caminhos. Da mesma forma, usamos um emulador do chip principal da placa do nosso equipamento, alterando o programa gravado em sua memória até que tudo estivesse funcionando de acordo. Só então passávamos à encenação, construindo as primeiras unidades do nosso equipamento - ainda em protótipo –, , com a eliminação dos erros que o modelo continha. Para nossos processos de trabalho, devemos fazer o mesmo.

Ficou claro"?

"Bastante".

"Lembre-se de que começamos a simulação quando temos apenas os resultados do processo – os valores de nosso modelo –, compartilhando com as pessoas envolvidas as informações a respeito do comportamento que pretendemos ver ocorrer na realidade. Quando nossa cadeia de valor já tem uma aparência mais completa – e complexa –, devemos repetir a ideia da simulação para minimizar os riscos de não-conformidades. Idem para a emulação".

"É um processo iterativo".

"Iterativo, com certeza. Quando usamos softwares para simular e emular processos, em geral os relatórios apresentam um extenso conjunto de dados acerca do processo modelado, tais como filas que se formaram, entregas que foram feitas, gargalos do processo, quantos elementos ficaram "presos" e em que pontos do processo, tempos e custos consumidos. Enquanto não estivermos satisfeitos com os resultados, devemos rodar o ciclo novamente".

"Muitas pessoas confundem simulação com emulação, mas no dia-a-dia, temos vários exemplos disso, não? Quando um técnico de futebol, por exemplo, usa dados estatísticos de jogos passados dos atletas em seu computador para estimar o que poderá ocorrer, na verdade é uma forma de simulação. Quando ele treina situações de jogo, mandando seus reservas fingirem que jogam como o próximo adversário, é uma emulação".

"E o jogo, de verdade, é a encenação – na qual o imprevisível sempre pode dar as caras, mas, como já conhecemos técnicas de "cisnes negros" para trabalhar em tais situações, a tendência é que os impactos negativos não sejam fortes.

Uma última recomendação: você deve demonstrar que processos podem ser o motor da inovação e da integração das várias "tribos" que co-existem na organização. Imagine que, em vez de competir com a turma do Planejamento Estratégico (que "fala o dialeto Balanced Scorecard"), de Projetos (seguidores do PMBOK), e de TI (que curtem o padrão UML), só para citar alguns, você seja o polo tradutor de questões entre eles, montando uma grande rede de cooperação intra e inter-organizacional. Para isso, tente adotar os princípios universais de processos a essa galera e a outros como os adeptos de abordagens como:

- Design thinking;
- Jornada do usuário;
- Redes;
- Ciclo PDCA de gestão;
- Business Model Canvas;

- Dragon dreaming.

Tenho certeza que o sucesso será enorme".

"Opa, não me esqueci que você me prometeu um comparativo "matador" para eu usar como slide final, Paiva".

"Ih, rapaz, é verdade. Já tenho ele pronto aqui, veja só.

Comecemos pelo conceito de processos. Na abordagem mais tradicional, processos são vistos como sequências orientadas de atividades e etapas que geram valor a usuários e clientes. Não há nada de errado com tal ideia, mas creio que ela poderia evoluir para algo como uma sincronia de insumos, referências, infra-estruturas e transformações que geram valores que são percebidos pelos agentes envolvidos. A noção do valor ser necessariamente percebido pelas pessoas é fundamental, caso contrário não há real efetividade do processo.

Um segundo aspecto que devemos ressaltar é que a orientação da ótica mais tradicional concentra-se nas atividades, enquanto que nosso ponto de atenção são os resultados dos processos.

Em relação aos ciclos de melhoria e gestão, comecei a trabalhar com projetos de processos usando a lógica "modelagem do processo atual / identificação de disfunções / proposição do processo aprimorado / elaboração de um plano de implantação / implementação do processo". Hoje em dia, o ciclo que acredito ser o mais efetivo para dar bons resultados diz respeito à modelagem, à simulação, à emulação e à encenação dos processos, porém, com a ressalva fundamental de que devemos fazer tal movimento de forma constante e progressiva, modelando valores (e os simulando, emulando e encenando), assim como fazemos com os vários estados evolutivos das cadeias de valor.

    A forma de ver a situação também é um aspecto bastante interessante para ser comparado entre as abordagens. A maioria dos métodos que conheço é voltada para a análise de disfunções, para a "problematização" da realidade e isso traz consequências gritantes para a baixa inovação das soluções e para o clima que é percebido em nossos processos e projetos. Alternativamente, quando começamos a nos orientar pelos resultados a serem alcançados, deixamos de lado métodos do tipo "medicina da doença" e nos concentramos na "medicina da saúde".

    Se considerarmos o nível de detalhe a que podemos chegar nas duas abordagens, classicamente costumamos nos concentrar mais nos fluxos de atividades, nos responsáveis por sua execução, nos procedimentos operacionais associados e, eventualmente, em parâmetros para simulação. No caso da abordagem que estamos propondo, o espectro costuma ser mais amplo, pois identificamos os componentes, sua motivação para estarem presentes, os impactos que geram, as características de validade e qualidade e os critérios de aceite, as condições que podem ocorrer e suas respectivas ações, as atividades envolvidas, os parâmetros estimados para simulação e as interfaces de emulação.

Nossa proposta permite a diferenciação das entradas dos processos conforme os papéis que assumam localmente, ou seja, conseguimos visualizar se estamos tratando com insumos, referências ou infra-estruturas, o que é impossível na visão tradicional, incorrendo em distorções nos cenários construídos e na decisões que teremos de tomar.

Diferente do que as formas mais comuns de trabalhar com processos continuam fazendo, uma orientação "do fim para o começo" - ou outside-in - traz benefícios inequívocos para quem coordena ou participa de iniciativas envolvendo processos, mantendo sempre o nosso foco no que deve ser gerado e permitindo estratégias diversas para o alcance dos objetivos. Como diz o Joi Ito, diretor do MediaLab do MIT, é melhor ter uma bússola que ter um mapa...

Quanto ao envolvimento das pessoas, nossa abordagem - fundamentada na teoria e na prática dos sistemas complexos -, estimula a participação do maior número de envolvidos no processo (na verdade, o ideal é ter efetivamente todos os participantes no projeto). Técnicas mais conservadoras tendem a não funcionar bem com situação mais elaborada, preferindo atuar em amostras das pessoas responsáveis pelo processo e consolidando perfis comuns em vez de enxergar os indivíduos.

Se formos comparar a atualização dos modelos criados nos projetos de melhoria e gestão de processos, quando usamos as sugestões de disseminar licenças de modelador / simulador / encenador de processos a todos os usuários e de assumirmos um papel mais estratégico de multiplicador e tutor, podemos ter uma dinâmica permanente de revisão dos modelos. Caso contrário, teremos ciclos mais previsíveis de fazê-lo - porém, a vida real estará correndo ao largo dos modelos, deixando-os desatualizados.

Quando falamos de gerar todos os subprocessos presentes nas cadeias de valor existentes, se usamos a combinação "representar explicitamente os valores" e "dispor de um algoritmo de fatiamento dos processos", temos um poderoso meio de deixar o computador organizar os subprocessos por nós. Senão, teremos de partir dos macroprocessos e construir uma lógica top-down, em vez da desejada bottom-up.

Por fim, ao falarmos de integração de linguagens organizacionais, processos voltados a resultados podem ser a própria base comum que faz a conversa dentro da instituição fluir em prol dos objetivos estratégicos, construindo pontes desde o início e respeitando os contextos e jargões instituídos. Na forma tradicional de abordar a questão, processos passa a ser apenas mais uma linguagem a disputar espaço e recursos organizacionais, criando tensões e inflando egos que dificultam o atingir das metas.

Satisfaz o que você queria"?

"Paiva, você é um gênio!!! Vamos agora partir para a emulação da apresentação, pois daqui a trinta minutos... vamos dominar o mundo"!!!

5:00 PM, residência do Paiva

E-mail recebido da caixa postal do Alex:

"Querido Paiva,

A apresentação foi um sucesso estrondoso! Não tenho como lhe agradecer por tudo o que você fez. Eu e a Vivian deixamos o William e o resto da Diretoria de queixo caído – eles não esperavam uma revisão tão completa e substancial do tema "processos" nem uma proposição de atuação tão bem fundamentada. Aceitaram tudo que mostramos e ainda me ofereceram uma promoção. Disse que só aceito a coordenação se você puder ser meu assessor permanente de inovação – eles concordaram. Se você topar, começamos na segunda – ah, claro que se você também quiser inverter os papéis, aceito imediatamente!

A reunião acabou pontualmente às 18h – para minha sorte –, e rumei para casa, fazendo uma surpresa para minha mulher e para meus filhos. Passei antes no comércio e levei as mais lindas flores que já vi para a Rute, além de pares de tênis especiais para os jogos do Gustavo e da Bárbara. Jantamos juntos como não fazíamos há muito e, no caminho para a academia, entreguei meu relatório ao professor da faculdade. Pela sua expressão, tenho certeza que passarei com a menção máxima.

Obrigado novamente – do seu amigo eterno,
Alex."

Paiva desligou o micro sorrindo para si mesmo – e foi participar do campeonato mundial de pingue-pongue que sua animada família promovia no andar de baixo.

*** FIM ***

O autor

Bruno Palvarini é mestre em Engenharia Elétrica pela Universidade de Brasília e atua com gestão de processos e inovação desde 1998. Foi consultor de processos, gerente de padrões e gerente nacional do escritório central de processos e projetos da Caixa Econômica Federal, entre os anos de 1999 e 2007. No

Ministério da Economia do governo brasileiro, atuou como assessor e diretor de unidades e programas como o Programa Nacional de Gestão Pública e Desburocratização – GesPública – e o escritório de projetos para modernização da gestão pública.

É casado com Cláudia Quezado e pai do Felipe e da Luísa, todos co-autores de vários de seus livros e parceiros na vida.

Adora viajar e tem paixão por temas como alimentação saudável, esportes, música e entretenimento. É fanático por Beatles, Tom Jobim, Chico Buarque, Luis Fernando Verissimo, Woody Allen e Monty Python, entre outros.

Conheça mais em http://www.brunopalvarini.com

Gostou deste livro?

Se você puder deixar uma avaliação deste livro na página da Amazon. Será ótimo saber a sua opinião.

Outros títulos do mesmo autor

GESTÃO DE PROCESSOS VOLTADA PARA RESULTADOS (com Cláudia Quezado) - Um guia simples e direto contendo os fundamentos de uma gestão de processos voltada para resultados. Os autores partem de suas experiências de cerca de quinze anos trabalhando com gestão de processos para demonstrar os pontos principais que devem ser considerados em projetos e iniciativas relacionadas ao tema. Orientação real aos valores gerados, inovação e criatividade, envolvimento dos participantes, ciclos de gestão reduzidos, menor custo, maior fidelidade na representação e na tomada de decisão e orientação a uma perspectiva humanista são alguns dos tópicos abordados na obra. São comparados os mais relevantes aspectos entre métodos tradicionais e a abordagem voltada para resultados, com apresentação de exemplos relativos a áreas distintas do conhecimento.

BPM EM CRÔNICAS - Histórias do cotidiano vividas pelo autor e que se aplicam a situações encontradas em processos de trabalho. Contadas em linguagem leve, permitem uma profunda e divertida reflexão de aspectos que interessam à tomada de decisão quando o assunto se refere a processos complexos e dinâmicos, próprios da natureza humana. Pensando de forma criativa, você poderá ganhar asas e construir belíssimas soluções de BPM em alinhamento com os seus mais profundos desejos e os de seus colaboradores.

MÍSTER MUNDO: JORGE JESUS, O FLAMENGO E O INCRÍVEL ANO DE 2019 – A revolução causada em menos de um semestre pelo treinador português que ousou desafiar - sem fazer esforço ou criar conflitos - as crenças cristalizadas do futebol brasileiro. Ganhar jogando bonito e ofensivamente. Bater recordes de desempenho. Não poupar jogadores desnecessariamente. Utilizar marcação alta. Atuar intensamente durante todo o jogo. Levantar uma Libertadores e um Brasileirão no mesmo fim de semana. Jorge Jesus, o Míster, tornou-se a principal atração de um time recheado de estrelas, que voltou a conquistar títulos expressivos após um longo inverno, e transformou em realidade a velha brincadeira da torcida rubro-negra de sentir o eterno "cheirinho" da

FLAMENGO: SONHOS DE UMA NOITE PRÉ-VERÃO - O período de maior brilho da história centenária do clube mais popular do País - e, por que não dizer, do mundo? -, contado em crônicas que vão além de uma simples paixão clubística. Refletem um caso de amor ao futebol, a mais perfeita metáfora que existe para a vida.

DROMEDÁRIO: O Brasil, as Copas do Mundo e um grupo improvável de subversivos - Durante uma conversa em uma praia do Caribe, histórias secretas dos bastidores das Copas do Mundo vão sendo reveladas. Será tudo verdade? Quais os interesses por trás de cada título

conquistado ou perdido pela Seleção? O que os dezessete leitores do Verissimo têm a ver com isso?

O MUNDO É UMA ESCOLA (Com Cláudia Quezado, Felipe e Luísa) – Crônicas de viagens e 13 lições que aprendemos com nossos filhos enquanto dávamos a volta ao mundo em família. Do Egito ao Panamá, passando por China, Estados Unidos, Japão, Inglaterra, França, Itália e vários outros países que tinham algo a nos ensinar.

MELHOR A CADA DIA – Doze amigos recebem uma garrafa de Klein que é a chave de um mistério. Se conseguirem resolver o desafio em 30 dias receberão um prêmio-surpresa que se anuncia fantástico. Phillip, Louise e seus companheiros terão de usar seus conhecimentos e suas habilidades para descobrirem o que uma lista no Spotify contendo 366 músicas dos Beatles têm a ver com o "enigma de Ajimu".

www.ingramcontent.com/pod-product-compliance
Lightning Source LLC
Chambersburg PA
CBHW030807180526
45163CB00003B/1184